*Falando Vamos Aprender*

# 口が覚える
# ブラジルポルトガル語

スピーキング体得トレーニング

髙阪香津美 著

**SANSHUSHA**

# はじめに

　2014年にはサッカーワールドカップ、2016年には夏季オリンピックの開催など、近年のめざましい経済発展に伴い、地球の反対側に位置するブラジルはにわかに活気づいています。こうした中、日本国内に目を向けると、1990年の改正入管法施行をきっかけに多くのブラジル出身者が来日し、現在、その数はおよそ21万人に上ります。リーマンショック以降、減少傾向にあるものの、外国人登録者数全体のおよそ10％を占め、依然、高い割合を保持しています。このように、日本に多くのブラジル出身者が暮らす状況下、彼らの母語であるブラジルポルトガル語は、私たちにとって、はるか遠い国で話されている馴染みの薄い外国語ではなく、ともに日本社会を構成しているメンバーが話す身近な外国語の一つであるといえるでしょう。

　そこで、本書では、ブラジルポルトガル語をいわゆる外国語ではなく、「コミュニティ言語」と位置付け、特に、「住民」として日本に暮らすブラジル出身者と日常生活を送る中で遭遇する場面を想定した文例を数多く掲載することに努めました。第1章では、基礎的な文法事項を徹底的に復習し、第2章では、機能ごとに示された文例とともに自分の意思を相手にきちんと伝える練習をします。また、第3章では、接続法を用いた文例とともに発展的な動詞の活用とその用法をしっかり身に付けます。音声CDでは、各文例が日本語、語彙のヒント、ポルトガル語の順に流れてきますので、1）ヒントを参考に日本語文例にふさわしいポルトガル語の文を考え、2）自身が考えたポルトガル語の文と音声CDから流れてくる文例とを聞き比べ、3）ポルトガル語文例を音声CDに続いて発音してみましょう。こうしたトレーニングを繰り返し行うことで、ブラジルポルトガル語独特の発音やイントネーション、構造が体得できるよう工夫しています。日本語を聞けばポルトガル語が口をついて出てくるようになるまで何度も練習しましょう。

　最後に、多大なる御協力を賜りました校正者の竹原如是氏とポルトガル語ナレーション担当のアンドレアV.L.モンテイロ氏に心より御礼申し上げます。

　　　　　　　　　　　　　　　　　　　　　　　　　　髙阪　香津美

# 付属CDの使い方

付属CD2枚は、以下の構成で収録してあります。

1. まず、日本語が聞こえてきます。
2. ヒントとして、単語が聞こえてきます。
3. ポーズの間に、ポルトガル語で作文して、口に出して言ってみましょう。
4. 解答例として、ポルトガル語が聞こえてきます。

すぐにポルトガル語で言えるようになるまで、繰り返し練習しましょう。慣れてきたら、ヒントを待たずに言い始めましょう。
本を見ながら練習するときは、すぐにポルトガル語を見ずに作文してみましょう。

## 収録音声例

1. **日本語** 私の名前は加藤友です。
2. **ヒント** nome
3. **ポーズ** ………
4. **ポルトガル語** Meu nome é Tomo Kato.

▶本CDのポルトガル語ナレーションは女性ですが、例文によって「私」が男性である場合があります。
▶特に指定がない場合、文の主語は基本的に「私」です。
▶「ヒント」の単語は、動詞の場合は不定詞で、性・数の区別があるものについては男性形単数で表記しています。

# 目次

付属 CD の使い方　　　　　　　　　　　　　　　　　　　　　　4

## 第 1 章　口慣らし

| | | | |
|---|---|---|---|
| 1 | ser 動詞　Meu nome é Tomo Kato. | CD1-01 | 11 |
| 2 | 形容詞　*Kanji* é difícil. | CD1-02 | 13 |
| 3 | 現在形（規則動詞）　Moro em Aichi. | CD1-03 | 15 |
| 4 | 疑問詞　O que significa isso? | CD1-04 | 17 |
| 5 | 目的格人称代名詞　Vou te mostrar as fotografias. | CD1-05 | 19 |
| 6 | se を使った文　Sente-se aqui, por favor. | CD1-06 | 21 |
| 7 | 関係詞　A jovem que acena com a mão é a Paula. | CD1-07 | 23 |
| 8 | 代表的な現在形の不規則動詞 ① estar　Ele está com saudade do Brasil. | CD1-08 | 25 |
| 9 | 代表的な現在形の不規則動詞 ② ter　Tenho dois cachorros. | CD1-09 | 27 |
| 10 | 未来形・ir を用いた近接未来　Quando ele virá / vai vir ao Japão? | CD1-10 | 29 |
| 11 | 完全過去形（規則動詞）　Hoje faltei à aula. | CD1-11 | 31 |
| 12 | 完全過去形（不規則動詞）　Ainda não vi o resultado. | CD1-12 | 33 |
| 13 | 不完全過去形　Quando era criança, morava em São Paulo. | CD1-13 | 35 |
| 14 | 進行形　Estou procurando um serviço. | CD1-14 | 37 |
| 15 | 完了形　Até os trinta anos já terei me casado. | CD1-15 | 39 |
| 16 | 受け身　O Brasil foi descoberto por Cabral. | CD1-16 | 41 |

| | | | | 頁 |
|---|---|---|---|---|
| 17 | 分詞構文 | Ele toma café da manhã lendo jornal. | CD1-17 | 43 |
| 18 | 話法 | Ele disse: – Hoje à noite voltarei tarde. | CD1-18 | 45 |

## 第2章　強化訓練

| | | | | |
|---|---|---|---|---|
| 19 | 日常よく用いられる表現 | Há quanto tempo! | CD1-19 | 49 |
| 20 | 天候・天気 | Hoje está um tempo bom. | CD1-20 | 51 |
| 21 | 日付・曜日・月・季節 | Que dia e mês é hoje? | CD1-21 | 53 |
| 22 | 数に関する表現 | Duas vezes nove são dezoito. | CD1-22 | 55 |
| 23 | 電話の応答 | Alô, aqui quem fala é a Paula. | CD1-23 | 57 |
| 24 | 時刻に関する表現 | Que horas são agora? | CD1-24 | 59 |
| 25 | 状態に関する表現 | O cabelo dele está molhado. | CD1-25 | 61 |
| 26 | 比較 | O português é tão difícil quanto o japonês. | CD1-26 | 63 |
| 27 | 使役 | O pai fez a criança comer pimentão. | CD2-01 | 65 |
| 28 | 推量 | Será que a aula já terminou? | CD2-02 | 67 |
| 29 | 伝聞 | Parece que Miki teve uma menina. | CD2-03 | 69 |
| 30 | 勧誘 | Vamos voltar juntos? | CD2-04 | 71 |
| 31 | 試み | Experimentei tomar cerveja. | CD2-05 | 73 |

| | | | | 頁 |
|---|---|---|---|---|
| 32 | 意志 | Pretendo fazer minha casa. | CD2-06 | 75 |
| 33 | 希望・願望 | Quero ser médica. | CD2-07 | 77 |
| 34 | 禁止・許可 | É proibido estacionar o carro aqui. | CD2-08 | 79 |
| 35 | 義務・必要 | Vocês têm que lavar as mãos. | CD2-09 | 81 |
| 36 | 可能・能力 | Sabe ler *kanji*? | CD2-10 | 83 |
| 37 | 依頼 | Poderia me telefonar? | CD2-11 | 85 |
| 38 | 好き・嫌い／得意・不得意 | Pedro está gostando de desenho animado. | CD2-12 | 87 |
| 39 | 忠告 | É bom dormir cedo. | CD2-13 | 89 |
| 40 | 原因・理由 | Estou sem fome, pois bebi demais. | CD2-14 | 91 |
| 41 | つなぎの表現 | Falando nisso, ele está bem de saúde? | CD2-15 | 93 |

## 第3章　ステップアップ

| | | | | |
|---|---|---|---|---|
| 42 | 感嘆文・祈願文・間投詞 | Que bom! | CD2-16 | 97 |
| 43 | 命令文 | Fujam para lugares altos. | CD2-17 | 99 |
| 44 | 接続法名詞節 | Duvido que ele tenha dito isso. | CD2-18 | 101 |
| 45 | 接続法形容詞節 | Conhece alguém que saiba falar português? | CD2-19 | 103 |
| 46 | 接続法副詞節（時） | Quando crescer, o que você quer ser? | CD2-20 | 105 |

| | | | |
|---|---|---|---|
| 47 | 接続法副詞節（目的・様態・方法）　Faça como quiser. | CD2-21 | 107 |
| 48 | 接続法副詞節（譲歩）　Mesmo que eles se oponham, vou ser cantora. | CD2-22 | 109 |
| 49 | 条件　Se tiver alguma dúvida, me pergunte. | CD2-23 | 111 |
| 50 | 仮定 (1) 現在の事実に反するもの　Se +接続法不完全過去形～, 過去未来形 … | CD2-24 | 113 |
| 51 | 仮定 (2) 過去の事実に反するもの　Se +接続法過去完了形～, 過去未来完了形 … | CD2-25 | 115 |
| 52 | 比喩　Eles são como se fossem crianças. | CD2-26 | 117 |

# 第 1 章

# 口慣らし

| | | | | |
|---|---|---|---|---|
| 1 | ser 動詞 | Meu nome é Tomo Kato. | CD1-01 | 11 |
| 2 | 形容詞 | *Kanji* é difícil. | CD1-02 | 13 |
| 3 | 現在形（規則動詞） | Moro em Aichi. | CD1-03 | 15 |
| 4 | 疑問詞 | O que significa isso? | CD1-04 | 17 |
| 5 | 目的格人称代名詞 | Vou te mostrar as fotografias. | CD1-05 | 19 |
| 6 | se を使った文 | Sente-se aqui, por favor. | CD1-06 | 21 |
| 7 | 関係詞 | A jovem que acena com a mão é a Paula. | CD1-07 | 23 |
| 8 | 代表的な現在形の不規則動詞 ① estar | Ele está com saudade do Brasil. | CD1-08 | 25 |
| 9 | 代表的な現在形の不規則動詞 ② ter | Tenho dois cachorros. | CD1-09 | 27 |
| 10 | 未来形・ir を用いた近接未来 | Quando ele virá / vai vir ao Japão? | CD1-10 | 29 |
| 11 | 完全過去形（規則動詞） | Hoje faltei à aula. | CD1-11 | 31 |
| 12 | 完全過去形（不規則動詞） | Ainda não vi o resultado. | CD1-12 | 33 |
| 13 | 不完全過去形 | Quando era criança, morava em São Paulo. | CD1-13 | 35 |
| 14 | 進行形 | Estou procurando um serviço. | CD1-14 | 37 |
| 15 | 完了形 | Até os trinta anos já terei me casado. | CD1-15 | 39 |
| 16 | 受け身 | O Brasil foi descoberto por Cabral. | CD1-16 | 41 |
| 17 | 分詞構文 | Ele toma café da manhã lendo jornal. | CD1-17 | 43 |
| 18 | 話法 | Ele disse: – Hoje à noite voltarei tarde. | CD1-18 | 45 |

ser動詞

# Meu nome é Tomo Kato.

**1** 私の名前は加藤友です。

**2** 「彼はブラジル人ですか?」「はい、そうです」

**3** 「職業は何ですか?」「通訳です」

**4** あれが私の娘です。

**5** 「君たちは兄弟かい?」「いいえ、従兄です」

**6** 「どちらのご出身ですか?」「サンパウロ出身です」

**7** 私たちの大学は浜松にあります。

**8** 「このコートはあなたのですか?」「はい、私のです」

**9** 「これは何ですか?」
「それは『ガラナ』というブラジルのソフトドリンクです」

**10** 誰が君たちのクラスの担任の先生だい?

ヒント
① nome
② brasileiro
③ profissão, intérprete
④ aquele, filha
⑤ irmão, primo
⑥ De onde...?
⑦ universidade
⑧ casaco
⑨ refrigerante
⑩ professor responsável

**1** Meu nome é Tomo Kato.

**2** -Ele é brasileiro?
-Sim, é.

**3** -Qual é sua profissão?
-Sou intérprete.

**4** Aquela é a minha filha.

**5** -Vocês são irmãos?
-Não, somos primos.

**6** -De onde é a senhora?
-Sou de São Paulo.

**7** Nossa universidade é em Hamamatsu.

**8** -Este casaco é seu?
-Sim, é meu.

**9** -O que é isto?
-Isso é "guaraná" um refrigerante do Brasil.

**10** Quem é a professora responsável pela sua classe?

ポイント
▶ser動詞の後ろに続く補語は、主語の性・数に一致する。
▶主語が明確な場合、省略することができる。
▶ser de 地名：〜出身である
▶ser em 場所：〜にある

## 形容詞
## *Kanji* é difícil.

**1** ドイツ製の自動車はとても高価です。

**2** それはいい考えですね。

**3** コーヒーはブラジルの名産物の一つです。

**4** 漢字は私たち外国人にとって難しいです。

**5** ペレはブラジルの偉大なサッカー選手です。

**6** このジーンズのズボンは少しきついです。

**7** パウロ先生は信頼できる医者です。

**8** 和食はとてもあっさりしています。

**9** ここがあなたの新しい学校です。

**10** 黄色いハンカチは幸せの象徴です。

### ヒント
① caro
② ideia
③ produto famoso
④ estrangeiro
⑤ grande
⑥ calça, apertado
⑦ confiável
⑧ leve
⑩ símbolo, felicidade

**1** Os carros alemães são muito caros.

**2** Isso é uma boa ideia, não é?

**3** Café é um dos produtos famosos do Brasil.

**4** *Kanji* é difícil para nós estrangeiros.

**5** Pelé é um grande jogador de futebol do Brasil.

**6** Esta calça jeans está um pouco apertada.

**7** Dr. Paulo é um médico confiável.

**8** A comida japonesa é bem leve.

**9** Aqui é a sua nova escola.

**10** Lenço amarelo é um símbolo de felicidade.

**ポイント**
- ▶形容詞は性・数の区別により一般的に四つの形が存在する。
- ▶形容詞はser動詞の補語になる場合は主語の、名詞を修飾する場合は修飾する名詞の性・数により形が変化する。
- ▶形容詞が名詞を修飾する場合、基本的に形容詞は修飾する名詞の次に置かれるが、その名詞の内面的な性質を示す時には形容詞はその名詞の前に置かれる。
  Ontem passei bom tempo. （昨日、良い時間を過ごしました）
  Hoje está um tempo bom. （今日はいい天気です）
  um jogador grande （大きな選手）
  um grande jogador （偉大な選手）

現在形（規則動詞）
# Moro em Aichi.

**3**

1 この電車は各駅に止まります。

2 パスポートセンターは次の信号を渡った右手にあります。

3 ATMは24時間営業です。

4 君は毎晩テレビを見るかい？

5 放課後、彼らはいつもサッカーをします。

6 毎日、家族全員で朝食を取ります。

7 私たちは毎週月曜日にポルトガル語を勉強します。

8 彼はブラジルにいる両親に3日置きに手紙を書きます。

9 私たち、後で話すってことで。

10 愛知県に住んでいます。

**ヒント**
① cada
② agência de passaportes, semáforo
③ caixa eletrônico, funcionar
④ assistir à televisão
⑤ depois da aula
⑥ diariamente
⑦ às segundas-feiras
⑨ a gente

**1** Este trem para a cada estação.

**2** A agência de passaportes fica à direita no próximo semáforo.

**3** O caixa eletrônico funciona vinte e quatro horas por dia.

**4** Você assiste à televisão todas as noites?

**5** Depois da aula, eles sempre jogam futebol.

**6** Diariamente, tomo café da manhã com toda a família.

**7** Nós estudamos português às segundas-feiras.

**8** A cada três dias ele escreve cartas aos pais que estão no Brasil.

**9** A gente conversa depois.

**10** Moro em Aichi.

▶-guer, -ger, -cer, -guir, -girで終わる動詞の1人称単数の変化には注意が必要である。

|  | erguer | proteger | conhecer | distinguir | dirigir |
|---|---|---|---|---|---|
| eu | erg-o | protej-o | conheç-o | disting-o | dirij-o |
| você | ergu-e | proteg-e | conhec-e | distingu-e | dirig-e |
| nós | ergu-emos | proteg-emos | conhec-emos | distingu-imos | dirig-imos |
| vocês | ergu-em | proteg-em | conhec-em | distingu-em | dirig-em |

▶a genteについて、意味はnósと同じ「私たちは」であるが、3人称単数扱いである。
　Deixe, a gente faz para você.（構わないで、こちらでやっておきます）

疑問詞
# O que significa isso?

**CD1-04**

**4**

1. 誕生日はいつですか？

2. それはどんな意味ですか？

3. 趣味は何ですか？

4. いくらですか？

5. どこへ行こうか？

6. どうして君がここにいるの？

7. あの方はどなたですか？

8. 名前は何といいますか？

9. ブラジルから日本へは何時間かかりますか？

10. あなたは何語を話しますか？

**ヒント**
①aniversário
②significar
③passatempo
⑥estar, aqui
⑨levar

**1** Quando é seu aniversário?

**2** O que significa isso?

**3** Qual é seu passatempo?

**4** Quanto é?

**5** Aonde vamos?

**6** Por que você está aqui?

**7** Quem é aquele senhor?

**8** Como é seu nome?

**9** Quantas horas leva do Brasil ao Japão?

**10** Que língua você fala?

ポイント
- ▶Quem：誰
- ▶(O) Que：何
- ▶Qual(Quais)：何、どんな、どちら
- ▶Quanto(s) / Quanta(s)：いくつ
- ▶Como：どのように
- ▶Onde：どこ
- ▶Quando：いつ
- ▶Por que：なぜ

## 目的格人称代名詞
# Vou te mostrar as fotografias.

**1** 「光子を知ってる?」「ううん、知らないよ」

**2** 夏子は毎日メールを送ってくれます。

**3** 彼を心から愛しているの。

**4** 後で彼女に電話しておくよ。

**5** 君に家族の写真を見せてあげるよ。

**6** ペドロ先生はいつも私たちに分かりやすく教えてくれます。

**7** 「はさみを貸してくれませんか?」「もちろん」

**8** いつでも訪ねて来てください。

**9** あなたに友人のパウラを紹介します。

**10** 昨日、通りで君を見かけたよ。

### ヒント
① conhecer
② mandar
③ de todo coração
⑤ mostrar
⑥ ensinar
⑦ emprestar, tesoura
⑧ vir, sempre que quiser
⑨ apresentar
⑩ ver

**1** -Você conhece a Mitsuko?
-Não, não a conheço.

**2** Natsuko me manda e-mail todos os dias.

**3** Amo-o de todo coração.

**4** Depois vou telefonar a ela.

**5** Vou te mostrar as fotografias da minha família.

**6** O professor Pedro sempre nos ensina de um modo fácil de compreender.

**7** -Pode me emprestar a tesoura?
-Pois não.

**8** Venha me visitar sempre que quiser.

**9** Vou lhe apresentar minha amiga Paula.

**10** Ontem, te vi na rua.

### ポイント

| 直接目的格人称代名詞 | | 間接目的格人称代名詞 | |
|---|---|---|---|
| me | 私を | me | 私に |
| te | 君を　　　※親しい間柄の相手 | te | 君に　　　※親しい間柄の相手 |
| o, a | あなたを、彼(女)を、それを | lhe | あなたに、彼(女)に、それに |
| nos | 私達を | nos | 私達に |
| os, as | あなた達を、彼(女)らを、それらを | lhes | あなた達に、彼(女)らに、それらに |

▶前置詞を用いた形で表すことにより意味を明確にすることができる。

　Eu <u>o amo</u> (=amo a ele / a você).
　Vou <u>lhe telefonar</u> (=telefonar a ele / a ela / a você).

## seを使った文
# Sente-se aqui, por favor.

**6**

1. 来年、大学を卒業します。
2. ここにお座りください。
3. 君は誰と結婚するの？
4. 毎朝、彼は7時に起きます。
5. あまり気分がすぐれません。
6. 彼女はいつも身なりをきちんとしています。
7. 家の中では靴をはいて歩きません。
8. 親はいつも子どものことを心配します。
9. 私のことを忘れないでくださいね。
10. 彼らはとても愛し合っています。

**ヒント**

① formar-se
② sentar-se
③ casar-se
④ levantar-se
⑤ sentir-se
⑥ vestir-se
⑧ preocupar-se

**1** No próximo ano vou me formar na universidade.

**2** Sente-se aqui, por favor.

**3** Com quem você vai se casar?

**4** Todas as manhãs ele se levanta às sete horas.

**5** Não me sinto muito bem.

**6** Ela sempre se veste bem.

**7** Não se anda de sapatos dentro de casa.

**8** Os pais sempre se preocupam com os filhos.

**9** Não se esqueça de mim.

**10** Eles se amam muito.

ポイント

| 再帰代名詞 | |
|---|---|
| eu | me |
| você | se |
| nós | nos |
| vocês | se |

▶再帰代名詞は他動詞を自動詞化し主語の行為を表す。
▶主語が不特定な文を表す場合にseが用いられる。この用法ではseとa genteの置き換えが可能である。
▶「～しあう」という相互関係を表す文にseが用いられる。

# 7

## 関係詞
## A jovem que acena com a mão é a Paula.

**1** この指輪は恋人が私に買ってくれたものです。

**2** あなたが希望する職種は何ですか？

**3** 生徒たちは先生が言ったことをまったく理解しませんでした。

**4** こちらに手を振る女の子が僕の恋人です。

**5** ブラジル人の妻を持つこちらの男性は中野さんです。

**6** 昨日、30年間も働いてきた会社を退職しました。

**7** 彼女が結婚した男性は小学校の先生だと聞きました。

**8** この問題が分かる人はいますか？

**9** 私が好きなブラジル料理は「シュハスコ」です。

**10** 君が冷蔵庫に入れておいた牛乳を飲みました。

**ヒント**
① anel, comprar
② tipo de emprego, desejar
③ entender, dizer
④ acenar com a mão
⑤ esposa
⑥ deixar, firma
⑦ ouvi dizer que..., escola primária
⑧ alguém, questão
⑨ prato
⑩ pôr, geladeira

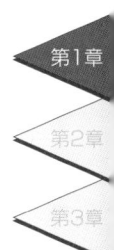

**1** Este anel é o que meu namorado me comprou.

**2** Qual é o tipo de emprego que você deseja?

**3** Os alunos não entenderam nada do que o professor disse.

**4** A jovem que acena com a mão nesta direção é a minha namorada.

**5** Este homem que tem uma esposa brasileira é senhor Nakano.

**6** Ontem deixei a firma onde já vinha trabalhando por trinta anos.

**7** Ouvi dizer que o homem com quem ela se casou é professor de escola primária.

**8** Há alguém que entenda esta questão?

**9** O prato brasileiro de que eu gosto é "churrasco".

**10** Tomei o leite que você pôs na geladeira.

**ポイント**
- ▶関係代名詞 que：人、物を表す先行詞をとる
- ▶関係代名詞 o que：先行詞なしで、「もの」「こと」の意味
- ▶関係代名詞 quem（前置詞を伴う）：先行詞は人、先行詞なしでは「〜する人」
  Quem deseja, realiza seu sonho.（願う者は夢がかないます）
- ▶関係副詞 onde：場所を表す先行詞をとる
  A cidade onde / em que moro é grande.（私が住んでいる街は大きいです）
- ▶関係形容詞 cujo, cujos, cuja, cujas：所有される名詞の性・数に一致
  A casa de / cujo telhado é azul é a minha.（屋根が青い家は私のものです）

代表的な現在形の不規則動詞 ①estar

# Ele está com saudade do Brasil.

**8**

1. 今日は蒸し暑いです。

2. すごく疲れた。

3. 「パウロはどこにいますか?」「彼は体育館にいます」

4. 彼はブラジルをとても恋しがっています。

5. 背中が痛いです。

6. この春、ミニスカートが流行しています。

7. 印鑑は引き出しにあります。

8. 少し急いでいます。

9. 車の窓が開いていますよ。

10. うわぁ、ガソリン代が上がってる!

**ヒント**
① abafado
② cansado
③ salão de ginástica
④ saudade
⑤ dor nas costas
⑥ primavera, estar em moda
⑦ carimbo, gaveta
⑧ um pouco de, pressa
⑩ preço, gasolina, subir

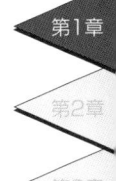

1. Hoje está abafado.

2. Estou muito cansado.

3. -Onde está o Paulo?
   -Ele está no salão de ginástica.

4. Ele está com muita saudade do Brasil.

5. Estou com dor nas costas.

6. Nesta primavera, a mini-saia está em moda.

7. O carimbo está na gaveta.

8. Estou com um pouco de pressa.

9. A janela do seu carro está aberta.

10. Puxa, o preço da gasolina está subindo!

**ポイント**

▶estarは天候や精神的・肉体的状態など、一時的な状態を表すために用いられる動詞であるのに対し、serは永続的な性質を表すために用いられる動詞である。
　Hoje está frio.（今日は寒いです）O inverno é frio.（冬は寒いです）

▶estarもser同様、存在を表し、主語の性質から二つの動詞を使い分ける必要がある。
　O banco é em frente da estação.（銀行は駅の前にあります）［永続的］
　O carro dele está em frente da estação.（彼の車は駅の前にあります）［一時的］

▶estar com+抽象名詞(dor, fome, saudadeなど)：～の状態である

▶estar+現在分詞：進行中の動作（～している）

▶estar+過去分詞：状態（～している、～したままである）

代表的な現在形の不規則動詞 ②ter

# Tenho dois cachorros.

## 9

1. もう少しヒールの高い靴はありませんか？

2. 日本には天皇がいます。

3. 「何かペットを飼ってる？」「うん、犬を2匹飼ってるよ」

4. 歳はいくつですか？

5. 何かすることはありますか？

6. 問題はありませんか？

7. ブラジル文化にとても興味があります。

8. 午後5時までに家に帰らなければなりません。

9. 確信はありません。

10. この中に消しゴムを2個持っている人はいませんか？

ヒント
① salto
② imperador
③ animal de estimação
⑤ fazer
⑥ problema
⑦ interesse, cultura
⑧ voltar
⑨ certeza
⑩ borracha

**1** Não tem sapatos de salto um pouco mais alto?

**2** No Japão tem imperador.

**3** -Você tem algum animal de estimação?
-Sim, tenho dois cachorros.

**4** Quantos anos você tem?

**5** Tem alguma coisa para fazer?

**6** Não tem problema?

**7** Tenho muito interesse pela cultura brasileira.

**8** Tenho de voltar para casa antes das cinco horas da tarde.

**9** Não tenho certeza.

**10** Aqui não tem alguém que tenha duas borrachas?

**ポイント**
▶terは基本的には所有を表すが、年齢や存在、状態なども表す。
　Paula tem trinta e cinco anos.（パウラは35歳です）
　Tem muitos livros na casa dele.（彼の家にはたくさんの本があります）
　Tenho medo de cachorro.（犬が怖いです）
▶ter de / que＋不定詞：義務（〜しなければならない）

未来形・irを用いた近接未来

# Quando ele virá / vai vir ao Japão?

## 10

**1** 外国人登録法が今年の7月から変更されます。

**2** 運動会は10月10日に開催されます。

**3** 彼はもうすぐ到着します。

**4** いつあなたは日本に来ますか?

**5** 来春、彼と結婚します。

**6** 来月、赤ちゃんが生まれます。

**7** 血液検査は何時に始まりますか?

**8** 私たちは明日の算数の授業で三角定規を使います。

**9** あの店はもう閉まったでしょうか?

**10** 彼は法廷で真実を言うでしょうか?

**ヒント**
① lei, registro, a partir de
② gincana, realizar-se
③ chegar
⑥ mês, neném, nascer
⑦ começar, exame de sangue
⑧ esquadro, aritmética, amanhã
⑨ Será que…?, fechar
⑩ verdade, tribunal

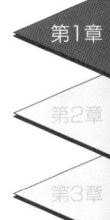

1. A lei de registro de estrangeiros mudará a partir deste julho.

2. A gincana se realizará no dia dez de outubro.

3. Daqui a pouco ele vai chegar.

4. Quando você virá ao Japão?

5. Na próxima primavera, vou me casar com ele.

6. No mês que vem, o neném vai nascer.

7. A que horas vai começar o exame de sangue?

8. Vamos usar esquadro na aula de aritmética de amanhã.

9. Será que aquela loja já fechou?

10. Será que ele dirá a verdade no tribunal?

**ポイント**

▶fazerやtrazerなど、-zerで終わる動詞の活用は未来形の接尾辞の前でzerが落ちる。

▶未来の事柄は未来形のほか、現在形や「ir＋不定詞」でも表すことができる。会話の中では未来形よりも現在形や「ir＋不定詞」の形が多く用いられる。
No ano que vem, estarei morando aqui. (来年にはここに住んでいます)
Hoje à tarde vou telefonar a ela. (今日の午後、彼女に電話します)
Amanhã nós viajamos a Quioto. (明日、京都を旅行します)

▶ir＋不定詞：近接未来（〜するだろう、〜する予定である）

▶未来形は未来の事柄とともに推量も表す。Será que...？：推量（〜だろうか？）
Será que ela gosta de mim? (彼女は私のことが好きだろうか？)

## 完全過去形（規則動詞）
# Hoje faltei à aula.

**11**

1. その名前を一度も聞いたことがありません。
2. 今日学校を休みました。
3. あなたはバレンタインデーに彼から何をもらいましたか？
4. 「いつ引っ越したの？」「おとといです」
5. アナは3日前に母子健康手帳を受け取りました。
6. 「髪、切った？」「切ったよ、昨日ね」
7. 今朝、あなたは何時に起きましたか？
8. 空港でドルをレアルに両替しました。
9. 車の鍵は見つかった？
10. パウロは日本語のテストで良い点数を取りました。

**ヒント**
① nunca
② faltar à aula
③ ganhar, Dia dos Namorados
④ mudar-se, anteontem
⑤ receber, Caderneta de Saúde da Mãe e da Criança, há...
⑥ cortar
⑦ acordar
⑧ trocar...por..., aeroporto
⑨ achar, chave
⑩ tirar, nota

**1** Nunca ouvi falar esse nome.

**2** Hoje faltei à aula.

**3** O que você ganhou dele no Dia dos Namorados?

**4** -Quando você se mudou?
-Foi anteontem.

**5** Ana recebeu a Caderneta de Saúde da Mãe e da Criança há três dias.

**6** -Você cortou o cabelo?
-Cortei sim. Foi ontem.

**7** A que horas você acordou hoje de manhã?

**8** No aeroporto troquei Dólares por Reais.

**9** Você achou a chave do carro?

**10** Paulo tirou nota boa no teste de japonês.

### ポイント

▶-car, -çar, -garで終わる動詞の1人称単数の変化には注意が必要である。

|       | ficar     | começar     | ligar     |
| ----- | --------- | ----------- | --------- |
| eu    | fi**qu**-ei | come**c**-ei | li**gu**-ei |
| você  | fic-ou    | começ-ou    | lig-ou    |
| nós   | fic-amos  | começ-amos  | lig-amos  |
| vocês | fic-aram  | começ-aram  | lig-aram  |

▶完全過去形は過去に完了した動作だけでなく、já, nuncaなどを伴い、経験も表す。
Já bebeu chá mate?（マテ茶を飲んだことがありますか?）

完全過去形（不規則動詞）
## Ainda não vi o resultado.

**12**

1. 昨日、レポートを提出しなければなりませんでした。
2. うまくいきましたか？
3. 「どうやってここへ来たの？」「自転車で」
4. 健康診断の結果をまだ見ていません。
5. 昨日の午後、子どもたちは遊園地に行きたかった。
6. 彼女はコンピューターをどう使うか分かりませんでした。
7. 昨晩、京都に行っていました。
8. 彼は私に「また明日」と言いました。
9. あなたはバイーアに行ったことがありますか？
10. このケーキは私が作りました。

**ヒント**
① relatório
③ bicicleta
④ ainda, resultado
⑤ parque de diversões
⑥ usar, computador
⑩ bolo, mesmo

**1** Ontem, tive de apresentar o relatório.

**2** Deu certo?

**3** -Como você veio para cá?
-De bicicleta.

**4** Ainda não vi o resultado do exame médico.

**5** Ontem de tarde meus filhos quiseram ir ao parque de diversões.

**6** Ela não soube como usar o computador.

**7** Ontem à noite, estive em Quioto.

**8** Ele me disse: ―Até amanhã.

**9** Você já foi à Bahia?

**10** Este bolo, fui eu mesmo que fiz.

**ポイント**

▶serとirの完全過去形の活用は同じである。

|  | ser | ir |
|---|---|---|
| eu | fui | fui |
| você | foi | foi |
| nós | fomos | fomos |
| vocês | foram | foram |

Ele foi presidente da República.（彼は連邦府の大統領でした）
O presidente foi aos Estados Unidos no ano passado.（大統領は昨年、アメリカに行きました）

## 13 不完全過去形
# Quando era criança, morava em São Paulo.

**1** 子どものころ、サンパウロに住んでいました。

**2** 昔、モデルになりたかったんだ。

**3** あなたは雪子（ゆきこ）が武（たけし）先生の恋人だということを知っていましたか？

**4** 赤ちゃんが寝ている間、私は洋服にアイロンがけをしていました。

**5** 保険の加入についてご説明させていただきたいのですが。

**6** 小学生のころ、ほぼ毎日、日本語教室で勉強していました。

**7** 彼はイタリアのあるサッカーチームでプレーしていました。

**8** 彼が電話をくれた時、私はお風呂に入っていました。

**9** 以前はやせていましたが、今は太りました。

**10** もし、明日だったら、あなたと一緒に行くことができるのに。

### ヒント
① criança
② antigamente, modelo
⑤ explicar, ingresso, seguro
⑥ quase
⑧ tomar banho
⑨ magro, engordar

第1章
第2章
第3章

**1** Quando era criança, morava em São Paulo.

**2** Antigamente, queria ser modelo.

**3** Você sabia que Yukiko é namorada do professor Takeshi?

**4** Enquanto o neném dormia, eu passava as roupas.

**5** Desejava explicar sobre o ingresso do seguro.

**6** Quando era estudante de escola primária, estudava na sala de aula de japonês quase todos os dias.

**7** Ele jogava num time de futebol da Itália.

**8** Quando ele me telefonou, eu estava tomando banho.

**9** Antes era magra, mas agora engordei.

**10** Se fosse amanhã, podia ir com você.

**ポイント**

▶不完全過去形は過去の習慣、過去のある時点における動作や状態の継続、過去の二つの動作が並行して行われる様子を表す場合に用いられる。
　Antes ele fumava muito.（以前、彼はたばこを大量に吸っていました）
　Ela morava em Roma.（彼女はローマに住んでいました）
　Ela tomava cerveja enquanto assistia à televisão.（彼女はテレビを見ながら、ビールを飲んでいました）

▶丁寧な依頼や願望　Podia abrir a janela?（窓を開けていただけますか？）

▶名詞節や仮定文における過去未来形の代用
　Se tivesse tempo, fazia / faria isso.（時間があれば、それをするのですが）

## 14 進行形
### Estou procurando um serviço.

1. 彼はビザを申請しています。

2. あなたは今、何をしていましたか?

3. あなたは日本での生活を気に入っていますか?

4. 「君のことを応援してるよ。頑張って!」「ありがとう」

5. 昔、ピアノを習っていました。

6. 「今、忙しい?」「そうね、夕飯を準備しているところなの」

7. なぜ、君たちはけんかをしているんだい?

8. パウロ、先生が呼んでおられました。

9. 私が見た時、ケーキは膨らんでいました。

10. ポルトガル語が使える仕事を探しています。

**ヒント**
① requerer, visto do passaporte
③ vida
⑤ aprender, tocar
⑥ ocupado, justamente, preparar
⑦ brigar
⑧ chamar
⑨ crescer
⑩ procurar, serviço

1. Ele está requerendo o visto do passaporte.

2. Agora o que você estava fazendo?

3. Você está gostando da vida no Japão?

4. -Estou torcendo por você. Ânimo!
   -Obrigada.

5. Antigamente, estava aprendendo a tocar piano.

6. -Agora você está ocupada?
   -Sim, estou justamente preparando o jantar.

7. Por que vocês estão brigando?

8. Paulo, o professor estava te chamando.

9. Quando eu vi, o bolo estava crescendo.

10. Estou procurando um serviço em que possa usar português.

**ポイント**
▶estar＋動詞の現在分詞：〜している
▶現在分詞の作り方：-ando, -endo, -indo, -ondo
《現在進行形》
Agora, ele está lendo o jornal. (彼は今、新聞を読んでいます)
《過去進行形》
複文：Ele estava lendo o jornal, quando eu o chamei.
（私が彼を呼んだ時、彼は新聞を読んでいました）
単文：Ele esteve lendo o jornal todo o dia.
（一日中新聞を読んでいました）

## 15 完了形
### Até os trinta anos já terei me casado.

1. 正子は先週からピアノの練習をさぼっています。

2. おとといから、私は彼に会っていません。

3. 最近、どうしてる？

4. 明日の今ごろにはきっと彼はブラジリアに到着しています。

5. 30歳までにはきっと結婚しています。

6. 6月までにはその本は出版されていますか？

7. 先生が私を呼んだ時、私はすでにレポートを書き終えていました。

8. そのケーキは私たちが期待していた以上においしかったです。

9. もし君が昨晩目覚まし時計をセットしていたなら、授業に遅刻することはなかっただろう。

10. 彼は私に合格通知はあさってには届いているだろうと言いました。

**ヒント**
① treinar, desde
⑥ publicar
⑧ esperar
⑨ despertar, atrasado
⑩ aprovação

**1** Masako não tem treinado piano desde a semana passada.

**2** Desde anteontem, não tenho me encontrado com ele.

**3** Como você tem passado ultimamente?

**4** Amanhã até esta hora ele já terá chegado a Brasília.

**5** Até os trinta anos já terei me casado.

**6** Em junho, esse livro já terá sido publicado?

**7** Quando o professor me chamou, eu já tinha acabado de escrever o relatório.

**8** O bolo estava mais gostoso do que nós tínhamos esperado.

**9** Se ontem à noite você tivesse colocado o relógio para despertar, não teria chegado atrasado à aula.

**10** Ele me disse que até depois de amanhã o aviso de aprovação já teria chegado.

### ポイント

▶現在完了形：terの現在形＋過去分詞　現時点での動作の完了を表す。

▶過去完了形：terの不完全過去形＋過去分詞
　過去のある時点よりも以前に完了した事柄を表す。

▶未来完了形：terの未来形＋過去分詞
　未来のある時点よりも以前に完了していると想定する事柄を表す。

▶過去未来完了形：terの過去未来形＋過去分詞
　過去から見た未来のある時点よりも以前に完了していると想定する事柄を表す場合や過去の事実に反する仮定文の帰結節で用いられる。

▶現在完了形は、desde...などを伴い、過去から現在まで反復される動作や状態を表す。

# 16

受け身

## O Brasil foi descoberto por Cabral.

1. 姪に結婚式に招待されました。
2. あなたの運転免許証は2週間後に発行されます。
3. 金閣寺は世界遺産に登録されています。
4. ブラジルは1500年にペデロ・アルヴァレス・カブラルによって発見されました。
5. ポイ捨ては法律で禁じられています。
6. 東京に新しいテレビ塔が建設されました。
7. 昔はよく母にしかられました。
8. 強盗にあい、財布を盗まれました。
9. このたび、パウロに博士の称号が与えられました。
10. 姉は先生からほめられました。

**ヒント**

① convidar, sobrinha, cerimônia de casamento
② carteira de motorista, emitir, daqui a...
③ herança mundial
④ descobrir
⑤ jogar lixo, proibir, lei
⑥ construir, torre
⑦ repreender
⑧ assaltar, roubar

**1** Fui convidada por minha sobrinha para a cerimônia de casamento.

**2** Sua carteira de motorista será emitida daqui a duas semanas.

**3** *Kinkakuji* é registrado como uma herança mundial.

**4** O Brasil foi descoberto por Pedro Álvares Cabral em mil e quinhentos.

**5** Jogar lixo nas ruas é proibido pela lei.

**6** Em Tóquio, foi construida uma nova torre de TV.

**7** Antigamente, era frequentemente repreendida por minha mãe.

**8** Fui assaltada e minha carteira foi roubada.

**9** Desta vez, foi dado ao Paulo o título de Doutor.

**10** Minha irmã mais velha foi elogiada pela professora.

**ポイント**
- ▶一般的な過去分詞：-ar→-ado, -erと-ir→-ido
- ▶不規則な過去分詞
  abrir→aberto, cobrir→coberto, descobrir→descoberto
  pôr→posto, compor→composto, depor→deposto, repor→reposto
  ver→visto, vir→vindo, dizer→dito, fazer→feito, escrever→escrito
- ▶ser＋過去分詞＋por＋人：受け身（人に〜される）
  過去分詞は受け身の主語の性・数に一致させる。

## 分詞構文
## Ele toma café da manhã lendo jornal.

**1** 私に電話をした後、彼は姿を消しました。

**2** あなたが彼と離婚したと知って、驚きました。

**3** 彼は歌いながら、こちらへやってきました。

**4** 父は新聞を読みながら、朝食を取ります。

**5** 明日、晴れたら、ピクニックに行きましょう！

**6** デート中にもかかわらず、彼は携帯電話ばかり触っています。

**7** パニックになって、彼女は叫びました。

**8** インタビューが終わり、彼は緊張から解放されました。

**9** 誰かに呼ばれたので、後ろを振り返りました。

**10** こちらに引っ越したばかりなので、この辺りの地理に詳しくありません。

### ヒント
① desaparecer
② divorciar-se, surpreso
⑤ piquenique
⑥ a todo momento, mexer
⑦ em pânico
⑧ entrevista, soltar, tenção
⑨ virar para trás
⑩ redondeza

**1** Tendo me telefonado, ele desapareceu.

**2** Sabendo que você se divorciou dele, fiquei surpresa.

**3** Ele veio para cá cantando.

**4** Meu pai toma café da manhã lendo jornal.

**5** Fazendo sol amanhã, vamos ao piquenique!

**6** Mesmo estando num encontro com a namorada, a todo momento ele mexe no celular.

**7** Estando em pânico, ela gritou.

**8** Terminada a entrevista, ele se soltou da tenção.

**9** Chamado por alguém, virei para trás.

**10** Tendo acabado de me mudar para cá, não conheço bem estas redondezas.

▶分詞構文：現在分詞、または、過去分詞が副詞句を作る働きをする。
- 時（〜する時）(=Depois de ter me telefonado, ...) ［例文1］
- 様態（〜しながら）(=Ao mesmo tempo lê jornal) ［例文4］
- 譲歩（〜にもかかわらず）(=Apesar de estar num encontro com a namorada, ...) ［例文6］
- 原因・理由（〜ので）(=Como fora chamado por alguém, ...) ［例文9］
  (=Como eu acabei de me mudar para cá, ...) ［例文10］
- 条件（〜すれば）(=Se fizer sol amanhã, ...) ［例文5］

## 話法
# 18
### Ele disse:―Hoje à noite voltarei tarde.

1. 彼女は「あの人をテレビで見たことがある」と言いました。

2. 彼は「今晩、帰りが遅くなるだろう」と言いました。

3. 男性に「この辺りにコンビニはありますか?」と尋ねました。

4. 見知らぬ人が私に「今、何時ですか?」と尋ねました。

5. 彼は私に「君はゴールデンウィークにどこへ行くんだい?」と尋ねました。

6. 彼女は店員さんに「このセーターはもう少し安くなりませんか?」と尋ねました。

7. 父は私にいつも「大きな声であいさつをしなさい」と言います。

8. 妻は私に「電話に出て」と言いました。

9. 知子(とも)は私に「子どもたちの世話をしていただけないでしょうか?」と言いました。

10. 彼女は「このケーキはなんておいしいんでしょう!」と言いました。

### ヒント
③ conveniência, por aqui
④ desconhecido
⑤ dourado
⑥ vendedor, suéter, barato
⑦ cumprimento, em voz alta
⑧ atender

1. Ela disse:―Já vi aquele homem na televisão.

2. Ele disse:―Hoje à noite voltarei tarde.

3. Perguntei a um homem:
―Há uma loja de conveniência por aqui?

4. Um desconhecido me perguntou:
―Que horas são agora?

5. Ele me perguntou:
―Aonde você irá na semana dourada?

6. Ela perguntou à vendedora:
―Este suéter não poderá ficar um pouco mais barato?

7. Meu pai sempre me diz:
―Faça cumprimentos em voz alta.

8. Minha mulher me disse:―Atenda ao telefone.

9. Tomoko me disse:―Não poderia tomar conta dos meus filhos?

10. Ela disse:―Como este bolo é gostoso!

**ポイント**

▶話法の変換では人称や時制などに気を付けること。

Ela disse:―(Eu) Já vi aquele homem na televisão antes.
=Ela disse que (ela) já tinha visto aquele homem na televisão antes.
Ontem de manhã ele disse:―Hoje à noite (eu) voltarei tarde.
=Ontem de manhã ele disse que à noite (ele) voltaria tarde.
Ele disse:―No ano que vem (eu) viajarei ao Brasil.
=Ele disse que no ano que vem (ele) viajará ao Brasil.

※ 第 ② 章

# 強化訓練

| | | | | |
|---|---|---|---|---|
| 19 | 日常よく用いられる表現 | Há quanto tempo! | CD1-19 | 49 |
| 20 | 天候・天気 | Hoje está um tempo bom. | CD1-20 | 51 |
| 21 | 日付・曜日・月・季節 | Que dia e mês é hoje? | CD1-21 | 53 |
| 22 | 数に関する表現 | Duas vezes nove são dezoito. | CD1-22 | 55 |
| 23 | 電話の応答 | Alô, aqui quem fala é a Paula. | CD1-23 | 57 |
| 24 | 時刻に関する表現 | Que horas são agora? | CD1-24 | 59 |
| 25 | 状態に関する表現 | O cabelo dele está molhado. | CD1-25 | 61 |
| 26 | 比較 | O português é tão difícil quanto o japonês. | CD1-26 | 63 |
| 27 | 使役 | O pai fez a criança comer pimentão. | CD2-01 | 65 |
| 28 | 推量 | Será que a aula já terminou? | CD2-02 | 67 |
| 29 | 伝聞 | Parece que Miki teve uma menina. | CD2-03 | 69 |
| 30 | 勧誘 | Vamos voltar juntos? | CD2-04 | 71 |
| 31 | 試み | Experimentei tomar cerveja. | CD2-05 | 73 |
| 32 | 意志 | Pretendo fazer minha casa. | CD2-06 | 75 |
| 33 | 希望・願望 | Quero ser médica. | CD2-07 | 77 |
| 34 | 禁止・許可 | É proibido estacionar o carro aqui. | CD2-08 | 79 |
| 35 | 義務・必要 | Vocês têm que lavar as mãos. | CD2-09 | 81 |
| 36 | 可能・能力 | Sabe ler *kanji*? | CD2-10 | 83 |
| 37 | 依頼 | Poderia me telefonar? | CD2-11 | 85 |
| 38 | 好き・嫌い／得意・不得意 | Pedro está gostando de desenho animado. | CD2-12 | 87 |
| 39 | 忠告 | É bom dormir cedo. | CD2-13 | 89 |
| 40 | 原因・理由 | Estou sem fome, pois bebi demais. | CD2-14 | 91 |
| 41 | つなぎの表現 | Falando nisso, ele está bem de saúde? | CD2-15 | 93 |

日常よく用いられる表現

# Há quanto tempo!

**19**

1. お会いできて大変光栄です。
2. お大事に。
3. 今日はここまで。
4. ご両親によろしくお伝えください。
5. すぐにお越しください。
6. お久しぶり!
7. もうよくなりましたか？
8. 健康に気を付けなさい。
9. お疲れ様でした。
10. ご遠慮なく。

ヒント
① prazer
② estimar, melhora
④ lembrança
⑦ melhorar
⑧ cuidar
⑨ descanso
⑩ cerimônia

第1章
第2章
第3章

**1** Muito prazer em conhecê-lo.

**2** Estimo suas melhoras.

**3** Por hoje é só.

**4** Queira dar lembranças a seus pais.

**5** Queira vir logo.

**6** Há quanto tempo!

**7** Já melhorou?

**8** Cuide bem de sua saúde.

**9** Bom descanso.

**10** Não faça cerimônia.

**ポイント**
- ▶相づち：Ah é?（本当に？）、É verdade?（本当に？）、É mesmo?（本当に？）、Pois é.（そうですね）
- ▶聞き返し：Como?（何?）、O quê?（何?）
- ▶感謝：Obrigado(a).（ありがとう）、Eu te agradeço.（君に感謝します）
  De nada. / Por nada. / Foi nada. / Não há de que.（どういたしまして）
- ▶謝罪：Desculpe.（ごめんなさい）、Perdão.（すみません）
- ▶断り：Não quero, obrigado(a).（結構です、ありがとう）、
  Estou satisfeito(a).（十分です）

天候・天気

# 20 Hoje está um tempo bom.

1 今日は寒いですね。

2 このところ、よく降るね。

3 今年は10年ぶりの大雪に見舞われました。

4 天気予報によれば、今日は晴れときどき曇りです。

5 おそらく今日は午後から雨が降るでしょう。

6 きっと気温は35度まで上昇するでしょう。

7 雲ひとつない快晴です。

8 風が強いですね。

9 今日はいい天気です。

10 昨晩、長い間、雷が鳴っていました。

**ヒント**
① frio
③ nevasca, ocorrer
④ segundo, previsão, sol, nublado
⑥ com certeza, temperatura
⑦ claro, nuvem
⑧ vento, forte
⑩ trovejar

**1** Hoje está fazendo frio, não é?

**2** Ultimamente, tem chovido muito, não é?

**3** Neste ano, tivemos uma nevasca que já não ocorria há dez anos.

**4** Segundo a previsão do tempo, hoje sai sol e algumas vezes fica nublado.

**5** Talvez hoje à tarde vá chover.

**6** Com certeza a temperatura vai subir até trinta e cinco graus.

**7** Está um céu claro sem nenhuma nuvem.

**8** O vento está forte, não é?

**9** Hoje está um tempo bom.

**10** Ontem à noite, trovejou por longo tempo.

**ポイント**
- ▶天気が良い、天気が悪い、暑い、寒い、雨が降る、雪が降る、雷が鳴るなど、天気や天候、寒暖を表す場合、主語は伴わず動詞は3人称単数形が用いられる。
- ▶estar＋形容詞：estar nublado（曇っている）、estar frio（寒い）など
  Hoje está quente.（今日は暑いです）
  Está chovendo.（雨が降っています）
- ▶fazer＋名詞：fazer sol（天気が良い）、fazer tempo ruim（天気が悪い）など
  Faz frio, não é?（寒いですね）
  Amanhã talvez faça tempo bom.（明日は良い天気になるでしょう）

日付・曜日・月・季節
# Que dia e mês é hoje?

1. 今年の元日は日曜日でした。

2. 今日は何月何日ですか？

3. 私の誕生日は2月1日です。

4. 今日は何曜日ですか？

5. もう秋ですね。

6. 母の日は5月の第2日曜です。

7. 日本の冬はとても寒いです。

8. 日本には梅雨があります。

9. 日本では5月5日はこどもの日です。

10. 北半球と南半球では、季節がまったく逆です。

**ヒント**
① primeiro
⑥ Dia das Mães, segundo
⑧ época
⑨ Dia das Crianças
⑩ hemisfério, sul, norte, oposto

**1** O primeiro dia deste ano foi no domingo.

**2** Que dia e mês é hoje?

**3** Meu aniversário é no dia primeiro de fevereiro.

**4** Que dia da semana é hoje?

**5** Já estamos no outono, não é?

**6** O Dia das Mães é no segundo domingo de maio.

**7** O inverno do Japão é muito frio.

**8** No Japão tem época de chuva.

**9** O dia cinco de maio é o Dia das Crianças no Japão.

**10** As estações do ano dos hemisférios sul e norte são justamente opostas.

ポイント

▶1：um(uma)、2：dois(duas) 、3：três、4：quatro、5：cinco、6：seis、
7：sete、8：oito、9：nove、10：dez、11：onze、12：doze、
13：treze、14：quatorze、15：quinze... 20：vinte、
21：vinte e um(uma)、22：vinte e dois(duas)... 30：trinta

▶日曜日：domingo、月曜日：segunda-feira、火曜日：terça-feira、水曜日：quarta-feira、木曜日：quinta-feira、金曜日：sexta-feira、土曜日：sábado

▶1月：janeiro、2月：fevereiro、3月：março、4月：abril、5月：maio、
6月：junho、7月：julho、8月：agosto、9月：setembro、10月：outubro、
11月：novembro、12月：dezembro

▶春：primavera、夏：verão、秋：outono、冬：inverno

## 数に関する表現
## Duas vezes nove são dezoito.

**1** 娘は小学4年生です。

**2** 給食費は3千円です。

**3** 愛知県のブラジル人人口はおよそ6万人です。

**4** 日本の国土の4分の3は山地です。

**5** 1日に2回、この薬を飲んでください。

**6** 林歯科医院はこの建物の5階にあります。

**7** 電話番号は152-6807です。

**8** 土曜日、この病院は午後4時から夜7時半までです。

**9** 2×9=18

**10** 彼は1976年に生まれました。

### ヒント
① série
② despesa
③ população, cerca de, habitante
④ terra, montanha
⑤ remédio
⑥ consultório, odontologia, edifício
⑦ número
⑧ hospital

**1** Minha filha é da quarta série da escola primária.

**2** A despesa de merenda escolar é de três mil ienes.

**3** A população dos brasileiros em Aichi é de cerca de sessenta mil habitantes.

**4** Três quartos da terra do Japão é de montanhas.

**5** Tome este remédio duas vezes ao dia.

**6** O consultório de odontologia do Dr. Hayashi fica no quinto andar deste edifício.

**7** O número de meu telefone é um-cinco-dois, meia-oito-zero-sete.

**8** Aos sábados, este hospital é das quatro da tarde às sete e meia da noite.

**9** Duas vezes nove são dezoito.

**10** Ele nasceu em mil novecentos e setenta e seis.

**ポイント**
- ▶100(cem)、1.000(mil)、10.000(dez mil)、100.000(cem mil)、1.000.000(um milhão) ※3桁ごとにピリオドを入れる。
- ▶第1の：primeiro(a)、第2の：segundo(a)、第3の：terceiro(a)、第4の：quarto(a)、第5の：quinto(a)、第6の：sexto(a)、第7の：sétimo(a)、第8の：oitavo(a)、 第9の：nono(a)、第10の：décimo(a)
- ▶(+)：mais、(−)：menos、(×)：vez(es)、(÷)：dividido por 割り算 30÷2=15 Trinta dividido por dois são quinze.
- ▶半分(metade)、4分の1(um quarto)、4分の3(três quartos)
- ▶日本の1階=ブラジルのandar térreo、日本の2階=ブラジルのprimeiro andar

## 23 電話の応答
## Alô, aqui quem fala é a Paula.

1. 美香さんとお話ししたいのですが。

2. もしもし、こちらはパウラです。

3. 美香さんに伝言をお願いできますか？

4. 母は今留守にしています。

5. 美智子さんはいつ戻られますか？

6. それでは、後でもう一度電話してみます。

7. 携帯電話の電波が悪く、よく聞こえません。

8. 社長は電話に出ることができません。今、会議中です。

9. すみません、間違えました。

10. ジョルジさんのお宅でしょうか？

**ヒント**
- ③ recado
- ⑥ tentar, ligar
- ⑦ sinal, escutar
- ⑧ chefe, atender, reunião
- ⑨ engano

**1** Gostaria de falar com a senhora Mika.

**2** Alô, aqui quem fala é a Paula.

**3** Poderia dar um recado para a senhora Mika?

**4** Mamãe não está agora.

**5** Quando a senhora Michiko irá voltar?

**6** Então, depois vou tentar ligar novamente.

**7** O sinal do celular está ruim e não posso escutar bem.

**8** O chefe não pode atender ao telefone. Está em reunião agora.

**9** Desculpe, foi engano.

**10** É da residência do senhor Jorge?

**ポイント**

▶その他の表現
O número para o qual fez a ligação, atualmente está em desuso.
(お客様がおかけになった電話番号は現在使われておりません)
Deixar mensagem dentro de um minuto.
(1分以内にメッセージをお願いします)
Desculpe-me por telefonar tarde da noite.
(夜分遅くにお電話をしてすみません)
Queira esperar um momento.（少々お待ちください）

▶電話番号などでは「6 (seis)」ではなく、meiaを用いるのが一般的。

## 24 Que horas são agora?

時刻に関する表現

1. 今、何時ですか?

2. 「試験のために何時間勉強しましたか?」「3時間勉強しました」

3. 午後1時ちょうどです。

4. 「日本からブラジルまで飛行機で何時間かかるの?」「30時間くらいかかるよ」

5. 「毎朝、何時に起きますか?」「7時半に起きます」

6. 日本とブラジルの時差は12時間です。

7. 夜の9時15分前です。

8. 日本の銀行は午前9時から午後3時まで開いています。

9. 母は1日4時間、スーパーで働いています。

10. 電車は5分置きにあります。

**ヒント**
① hora
② Quanto...?
③ em ponto
④ levar
⑥ diferença de fuso-horário

**1** Que horas são agora?

**2** -Quantas horas você estudou para o exame?
-Estudei três horas.

**3** É uma hora da tarde em ponto.

**4** -Do Japão ao Brasil quantas horas leva de avião?
-Leva cerca de trinta horas.

**5** -A que horas você acorda todas as manhãs?
-Eu acordo às sete e meia.

**6** Há doze horas de diferença de fuso-horário entre o Japão e o Brasil.

**7** São quinze para as nove da noite.

**8** O banco no Japão está aberto das nove da manhã às três da tarde.

**9** Mamãe trabalha no supermercado quatro horas por dia.

**10** Tem trem a cada cinco minutos.

---

**ポイント**

▶～時～分の表し方
É meia-noite.（真夜中です）、São duas (horas) e meia.（2時半です）

▶～時～分前の表し方
方向を表す前置詞paraを用い、何時まであと何分かを表す文にする。
É / Falta um (minuto) para as oito.（8時1分前です）
São / Faltam dois (minutos) para o meio-dia.（正午2分前です）

▶às, à, ao(前置詞a＋定冠詞as, a, o)＋時刻：～時に
Ele vai chegar aqui às sete (horas).（彼は7時にここに着きます）
Almocei à uma (hora).（1時に昼食を取りました）

状態に関する表現

## O cabelo dele está molhado.

**25**

1. 冷蔵庫にグラスを冷やしておきなさい。
2. その本は上下逆さまに置いてあります。
3. 信号が赤から青になりました。
4. 最近、君は男らしくなったね!
5. 彼の髪の毛はまだ濡れたままです。
6. 心配しないで、そのままにしておきなさい。
7. 私たち、結婚することになりました。
8. この機械の操作方法を説明しておきます。
9. 彼の健康状態は徐々に良くなってきています。
10. 消費税は少しずつ上がっていく可能性があります。

**ヒント**
① esfriar
② ponta-cabeça
③ tráfego
④ atualmente, viril
⑤ molhar
⑨ estado, gradualmente
⑩ imposto de consumo, elevar-se

1. Deixe o copo esfriando na geladeira.

2. Esse livro está colocado de ponta-cabeça.

3. O sinal de tráfego mudou de vermelho para verde.

4. Atualmente, você se tornou mais viril, não é!

5. O cabelo dele ainda está molhado.

6. Não se incomode, deixe assim como está.

7. Ficou decidido nos casarmos.

8. Deixarei explicado como usar esta máquina.

9. O estado de saúde dele vem melhorando gradualmente.

10. É possível que o imposto de consumo vá elevando-se aos poucos.

**ポイント**
- ▶ficar＋形容詞：〜になる
- ▶tornar-se＋形容詞 / 名詞：〜になる、〜に変わる
- ▶deixar＋分詞：〜しておく
- ▶estar＋過去分詞：〜している
- ▶estar ＋現在分詞：〜している
- ▶ir＋現在分詞：〜していく
- ▶vir＋現在分詞：〜してくる

# 26

## 比較
## O português é tão difícil quanto o japonês.

1. ポルトガル語は日本語と同じくらい難しいです。
2. 富士山は日本の山の中で最も高いです。
3. 青いネクタイより黄色いネクタイの方があなたには似合うわ。
4. ブラジルの歌手の中で最も有名なのは誰ですか？
5. これは最も高価な指輪です。
6. この会社の方があの会社より給料が高いです。
7. ペドロは聡(さとし)ほど才能がありません。
8. 彼は彼女ほど勤勉ではありません。
9. 海辺の最も高くないアパートを借りました。
10. ブラジルとポルトガルが同じくらい好きです。

**ヒント**
① difícil
③ gravata
⑥ salário, firma
⑦ capacidade
⑧ trabalhador
⑨ alugar

**1** O português é tão difícil quanto o japonês.

**2** O Mt. Fuji é a mais alta das montanhas do Japão.

**3** A gravata amarela fica melhor em você do que a gravata azul.

**4** Qual é o mais famoso dos cantores do Brasil?

**5** Este é um anel caríssimo.

**6** O salário desta firma é mais alto do que o daquela.

**7** Pedro não tem capacidade como Satoshi.

**8** Ele é menos trabalhador do que ela.

**9** Aluguei o apartamento menos caro da praia.

**10** Gosto tanto do Brasil quanto de Portugal.

**ポイント**

▶比較級と最上級
- mais+形容詞・副詞+(do) que 〜：〜よりも…である（優等比較）
- menos+形容詞・副詞+(do) que 〜：〜ほど…ない（劣等比較）
- tão+形容詞・副詞+quanto / como 〜：〜と同じくらい…である（同等比較）
- tanto(a)+名詞+quanto / como 〜：〜と同じくらい…である（同等比較）
- 定冠詞+mais+形容詞+de 〜：〜の中で最も…である（優等最上級）
- 定冠詞+menos+形容詞+de 〜：〜の中で最も…ではない（劣等最上級）
- 形容詞にíssimo(a)を付け、「とても〜である」という意味を示す。（絶対最上級）
  caro→caríssimo(a)　alto→altíssimo(a)

# 27

使役

## O pai fez a criança comer pimentão.

1 子どもたちを公園で遊ばせました。

2 子どものころ、母は私に毎日日記をつけさせました。

3 パウロは熱があったので、先生は彼を家に帰らせました。

4 母は私たちに電卓を使わせてくれませんでした。

5 父は子どもにピーマンを食べさせました。

6 父は私を無理やり彼と結婚させました。

7 大学入学後、両親は私に一人暮らしをさせてくれました。

8 夫は私にたばこを買いに行かせました。

9 先輩にお酒を飲まされました。

10 子どもを働かせる国があります。

### ヒント

① brincar
② diário
③ febre
④ calculadora
⑤ pimentão
⑦ sozinho
⑧ cigarro
⑨ colega

**1** Deixei as crianças brincarem no parque.

**2** Quando era criança, minha mãe me mandava escrever o diário todos os dias.

**3** O Paulo tinha febre, por isso o professor mandou-o voltar para casa.

**4** Minha mãe não nos deixou usar a calculadora.

**5** O pai fez a criança comer pimentão.

**6** O pai me obrigou a me casar com ele.

**7** Depois de entrar na universidade, meus pais me deixaram morar sozinha.

**8** Meu marido me mandou comprar cigarros.

**9** Fui forçado a beber o saquê pelo colega mais velho.

**10** Há alguns países em que obrigam as crianças a trabalhar.

ポイント
▶fazer＋目的語＋不定詞：〜に（強制的に、無理やり）…させる
▶obrigar＋目的語＋a 不定詞：〜に（心理的に圧力をかけて）…させる
▶forçar＋目的語＋不定詞：〜に（力づくで）…させる
▶mandar＋目的語＋不定詞：〜に（命じて）…させる
▶deixar＋目的語＋不定詞：〜が…するのを許す、〜に…させてくれる

推量

# Será que a aula já terminou?

1. 道が混んでいるので、おそらくバスは遅れるでしょう。

2. 電車に傘を置いてきたと思います。

3. この問題はテストに出るかもしれません。

4. 彼は恋人とけんかをしたようです。

5. 母はこの時間、家にいるに違いありません。

6. おそらく、彼らは双子でしょう。

7. 中に誰かいるようです。

8. 彼が落第するはずがありません。

9. ポルトガル語の授業はもう終わったでしょうか？

10. 申し込み期間は、1週間延期されると思います。

**ヒント**
① tráfego, intenso
③ questão
⑥ gêmio
⑧ reprovar
⑩ prazo, inscrição, prolongar

**1** Como o tráfego está intenso, o ônibus talvez se atrase.

**2** Acho que deixei meu guarda-chuva no trem.

**3** Esta questão pode cair no teste.

**4** Parece que ele brigou com a namorada.

**5** Minha mãe deve estar em casa a esta hora.

**6** Talvez eles sejam gêmeos.

**7** Parece que tem alguém aí dentro.

**8** Não há razão para que ele seja reprovado.

**9** Será que a aula de português já terminou?

**10** Penso que o prazo de inscrição será prolongado por uma semana.

**ポイント**
- ▶Acho que+文：〜だと思う(感覚的に思う)
- ▶Penso que+文：〜だと思う(そう思う理由がある)
- ▶poder+不定詞：〜かもしれない
- ▶não poder+不定詞：〜するはずがない(否定文)
- ▶dever+不定詞：〜に違いない
- ▶Será que+文?：〜だろうか？(推量)
- ▶Parece que+文：〜ようである、〜ようにみえる
- ▶Talvez+文(動詞は接続法)：おそらく〜だろう
- ▶過去未来形で推量を表す。 O que seria verdade? (何が真実なのでしょうか？)

## 29 伝聞
## Parece que Miki teve uma menina.

1. 天気予報によると、今日は「きつねの嫁入り」です。
2. 昨日、真理(まり)は最新式のiPadを買ったそうです。
3. ブラジルの歌手が来月、日本に来るそうです。
4. 新聞によると、近いうちに巨大地震が起こるそうです。
5. 美紀(みき)さんに女の子が生まれたそうです。
6. 香織さんは看護師になられたらしいです。
7. 敦(あつし)さんの奥さんは彼より10歳年上だそうです。
8. この店は雑誌で紹介されたそうです。
9. 聞いた話によると、佐藤先生は生徒たちの間でとても人気があるそうです。
10. この3月から電車の時刻が部分的に変更されたそうです。

**ヒント**
- ① previsão
- ② recente
- ④ enorme
- ⑧ revista
- ⑩ parcialmente

**1** Pela previsão do tempo, hoje vai sair sol com chuva.

**2** Dizem que ontem, Mari comprou o "iPad" mais recente.

**3** Tudo indica que o cantor brasileiro venha ao Japão no mês que vem.

**4** De acordo com o jornal, parece que em breve irá ocorrer um terremoto enorme.

**5** Parece que a senhora Miki teve uma menina.

**6** Parece que a senhora Kaori se tornou enfermeira.

**7** Ouvi dizer que a esposa do senhor Atsushi é dez anos mais velha que ele.

**8** Ouvi que esta loja foi apresentada pela revista.

**9** Pelo que ouvi, parece que o professor Sato é bem querido entre os alunos.

**10** Soube que a partir deste março o horário dos trens foi parcialmente mudado.

**ポイント**
- ▶Dizem que+文：～そうです（～と言われている）
- ▶主語+diz que+文：～そうです（～が言っている）
- ▶Ouvi que+文：～そうです
- ▶Pelo que ouvi, ...：聞くところによると～
- ▶Tudo indica que+文(接続法)：～そうです
- ▶Parece que+文：～らしいです、～そうです
- ▶Soube que+文：～そうです
- ▶Pelo que soube, ...：私の知るところでは～
- ▶Ouvi dizer que+文：聞いた話によると～

勧誘
# Vamos voltar juntos?

## 30

1. 次の土曜日に花見に行きましょう！

2. 今度、あの新しくできたカフェに行きませんか？

3. 海へドライブに行きましょう！

4. それじゃあ、日時を決めましょうか？

5. コーヒーどう？

6. パスタはいかがでしょうか？

7. 一緒に帰りましょうか？

8. 今日の授業を始めましょうか？

9. 夜景のきれいなレストランで夕食でもいかがですか？

10. 僕の大学の学園祭に来ない？

ヒント
① cerejeira
② cafeteria
③ praia
④ marcar
⑥ macarronada
⑨ paisagem, noturno

**1** Vamos ver as cerejeiras no sábado que vem!

**2** Da próxima vez, não quer ir àquela nova cafeteria?

**3** Vamos passear de carro pela praia!

**4** Então, vamos marcar um dia e hora?

**5** Quer café?

**6** Não gostaria de comer macarronada?

**7** Vamos voltar juntos?

**8** Vamos começar a aula de hoje?

**9** Que tal jantar num restaurante de onde se veja uma paisagem noturna bonita?

**10** Não vem ao festival da minha universidade?

**ポイント**
- ▶Vamos+不定詞？：〜しましょうか？
- ▶Quer+名詞/不定詞？ / Não quer+名詞/不定詞？：〜はどう？
- ▶Que tal+名詞/不定詞？：〜いかがですか？
- ▶Gostaria / Não gostaria de+不定詞？：〜はいかがでしょうか？

# 31

試み
## Experimentei tomar cerveja.

**1** この瓶の蓋が開けられるかどうかみてください。

**2** この服を試着してもいいですか？

**3** 少なくとも一度、私が作った料理を食べてみてください。

**4** 日本語で手紙を書いてみたのですが、漢字をほとんど知らないことが分かりました。

**5** あなたはもう彼に相談してみましたか？

**6** 初めてビールを飲んでみました。

**7** やってみましたが、できませんでした。

**8** これとよく似たものを探してみましたが、見つかりませんでした。

**9** とうもろこしの粉でケーキを作ってみましたが、あまり膨らみませんでした。

**10** 深夜12時まで起きていようとしましたが、無理でした。

**ヒント**
① tampa
⑥ cerveja
⑧ parecido
⑨ fubá

1. Veja se você consegue abrir a tampa deste vidro.
2. Posso experimentar vestir esta roupa?
3. Queira ao menos uma vez provar a comida que eu fiz.
4. Procurei escrever a carta em japonês, mas vi que quase não sabia *kanjis*.
5. Você já tentou se consultar com ele?
6. Pela primeira vez experimentei tomar cerveja.
7. Procurei fazer, mas não consegui.
8. Tentei encontrar algo parecido com isto, mas não pude encontrar.
9. Tentei fazer o bolo de fubá, mas não cresceu muito.
10. Procurei ficar acordado até à meia-noite, mas não consegui.

**ポイント**
- ▶procurar＋不定詞：〜してみる（できるかどうか探りながらやってみる）
- ▶experimentar＋不定詞：〜してみる（食べられるか、着られるか等を試す）
- ▶provar＋名詞/不定詞：〜してみる（口に合うか、似合うか等を試す）
- ▶tentar＋不定詞：〜してみる（試しにやってみる）
- ▶ver se＋文：〜かどうかやってみる（試しにやってみる）

## 32 意志
# Pretendo fazer minha casa.

1. 30歳までにマイホームを建てるつもりです。
2. ブラジリア大学を受験することにしました。
3. ブラジルで1年間勉強することを決心しました。
4. 結局、アマゾン川には行かないことにしました。
5. ついに、病院に行くことにしました。
6. 明日からたばこを吸うのをやめるつもりです。
7. ピアノを習うつもりです。
8. 明日、みんなに自分の結婚報告をするつもりです。
9. 今より大きな車を買うつもりです。
10. 「フィオ・デンタル」でコパカバーナ海岸に行こうと思っています。

**ヒント**
④ em conclusão
⑩ fio dental

1. Pretendo fazer minha casa antes dos trinta anos.
2. Resolvi fazer o exame vestibular à Universidade de Brasília.
3. Determinei-me a estudar no Brasil por um ano.
4. Em conclusão, decidi não ir ao rio Amazonas.
5. Afinal resolvi ir ao hospital.
6. Pretendo deixar de fumar a partir de amanhã.
7. Vou aprender a tocar piano.
8. Amanhã, tenho a intenção de comunicar meu casamento a todos.
9. Pretendo comprar um carro maior do que o de agora.
10. Estou pensando em ir à praia de Copacabana de "fio dental".

**ポイント**
- ▶ir+不定詞：〜することを決意する
- ▶pretender+不定詞：〜するつもりである
- ▶ter a intenção de+不定詞/intencionar+不定詞：〜するつもりである
- ▶resolver+不定詞：（最終的に）〜することにする
- ▶decidir+不定詞：（思い付きで）〜することを決める
- ▶determinar-se a+不定詞：〜することを決心する
- ▶pensar em+不定詞：〜しようと思う

希望・願望
# Quero ser médica.

**33**

1. 大きくなったら、医者になりたいです。

2. もっと大きなテレビが欲しいです。

3. あなたはまたブラジルに行きたいですか？

4. 犬を飼いたいのですが。

5. カフェオレと「パン・デ・ケイジョ」が欲しいのですが。

6. あなたはどちらが欲しいですか？

7. 結構です、ありがとう。

8. 何かアドバイスをいただきたいのですが。

9. 夜勤をしたくありません。

10. 友達と同じクラスになりたいです。

**ヒント**
- ③ novamente
- ④ criar
- ⑤ pão de queijo
- ⑧ conselho
- ⑨ trabalhar
- ⑩ turma

**1** Quando crescer, quero ser médica.

**2** Quero uma televisão maior.

**3** Você deseja ir novamente ao Brasil?

**4** Gostaria de criar um cachorro.

**5** Queria um café com leite e "pão de queijo".

**6** Qual você quer?

**7** Não quero, obrigada.

**8** Queria receber algum conselho.

**9** Não desejo trabalhar à noite.

**10** Quero ser da mesma turma de meus amigos.

ポイント
- ▶querer＋名詞/不定詞：〜が欲しい、〜したい
- ▶desejar＋名詞/不定詞：〜を望む、〜したい
- ▶gostaria de＋不定詞：〜したいのだが
  （比較）gostar de＋名詞/不定詞：〜を好む、〜するのを好む

## 34 禁止・許可
## É proibido estacionar o carro aqui.

1. ここに車を停めることは禁止されています。

2. 今日のテストは辞書を持ち込むことが許可されています。

3. 室内でボール遊びをしてはいけません。

4. 先生、トイレに行ってもいいですか？

5. 健康診断の前には食事を取ってはいけません。

6. このエリアでは歩きたばこは法律で禁止されています。

7. 彼だけが私の部屋に入ることを許されています。

8. 注射の後は激しい運動をしてはいけません。

9. あなたは今日からはもう何を食べてもいいですよ。

10. こちらに座ってもよろしいですか？

**ヒント**
① estacionar
② dicionário
③ jogar
④ banheiro
⑤ refeição
⑧ injeção

1. É proibido estacionar o carro aqui.

2. No teste de hoje é permitido usar o dicionário.

3. Não pode jogar bola dentro da sala.

4. Professor, posso ir ao banheiro?

5. Antes do exame de saúde, não pode fazer refeições.

6. Nesta área, pela lei, é proibido fumar andando.

7. Apenas ele tem permissão de entrar no meu quarto.

8. Não se pode fazer exercícios violentos após as injeções.

9. A partir de hoje, você já pode comer qualquer coisa.

10. Poderia sentar-me aqui?

**ポイント**

▶許可
- É permitido+名詞/不定詞：～することが許されている
  É permitido usar o dicionário.＝É permitido o uso de dicionário.
- ter permissão de+不定詞：～することが許されている
- poder+不定詞：～してもいい
- Posso / Podia / Poderia+不定詞？：～してもいい（よろしい）ですか？

▶禁止
- É proibido+名詞/不定詞：～することが禁じられている
- Não pode / podem+不定詞：～してはいけません

義務・必要

## Vocês têm que lavar as mãos.

**35**

CD2-09

1. 日本の学校では子どもたちが教室を掃除しなければなりません。

2. ブラジルでは18歳を迎える人すべてが投票をしなければなりません。

3. 君たちは1月10日までに論文を提出する必要があります。

4. 毎食後、あなたはこの薬を飲む必要があります。

5. 私たちは交通規則に従わなければなりません。

6. 食事の前に手を洗わないといけないよ。

7. あなたは部屋に入る時、靴を脱がなければなりません。

8. 君たちは解答をペンで書く必要があります。

9. それをするには勇気が必要です。

10. 明日、君たちはお弁当を持ってくる必要があります。

**ヒント**
① limpar
③ apresentar, antes de...
④ tomar remédio
⑤ obedecer, trânsito
⑨ coragem
⑩ lanche

1. Nas escolas do Japão as crianças devem limpar suas salas de aula.

2. No Brasil todos que completam dezoito anos devem votar.

3. Vocês precisam apresentar a tese antes do dia dez de janeiro.

4. Você necessita tomar este remédio após as refeições.

5. Nós devemos obedecer às regras de trânsito.

6. Antes da refeição vocês têm que lavar as mãos.

7. Você, ao entrar na sala, tem que tirar os sapatos.

8. Vocês precisam escrever suas respostas a caneta.

9. É preciso ter coragem para fazer isso.

10. Amanhã vocês precisam trazer lanche.

**ポイント**

▶必要
- precisar+不定詞：〜する必要がある
- precisar de+名詞：〜が必要である
- ter necessidade de+名詞/不定詞：〜する必要がある
- É preciso+名詞/不定詞：〜する必要がある
- É necessário+名詞/不定詞：〜する必要がある

▶義務
- dever+不定詞：（義務として）〜しなければならない
- ter de / que+不定詞：（マナーとして）〜しなければならない

## 36 可能・能力
## Sabe ler *kanji*?

1. ゆうべは寒くてよく寝られませんでした。

2. 彼はとても上手にお箸が使えます。

3. 日本では、18歳になった人は運転免許が取得できます。

4. 漢字が読めますか？

5. 黒板に式を書きました。みんな見える？

6. バイオリンを弾くことができます。

7. まだ論文を提出することができません。

8. 皆さん、この本の文字が見えますか？

9. 彼には絵の才能があります。

10. ペドロには人生を切り開く力があります。

**ヒント**
- ② pauzinhos
- ③ carteira de motorista
- ⑤ regra, quadro
- ⑥ violino
- ⑦ tese
- ⑨ habilidade
- ⑩ vencer

1. Ontem à noite, não consegui dormir bem por causa do frio.

2. Ele sabe usar pauzinhos muito bem.

3. No Japão, as pessoas que atingem a idade de dezoito anos têm o direito de tirar a carteira de motorista.

4. Sabe ler *kanji*?

5. Escrevi uma regra de matemática no quadro. Gente, conseguem ver?

6. Sou capaz de tocar violino.

7. Ainda não posso apresentar a tese.

8. Dá para vocês verem as letras deste livro?

9. Ele tem habilidade para desenhar.

10. Pedro tem força para vencer na vida.

**ポイント**

▶いろいろな意味の「～できる」
- saber＋不定詞：(能力があり)〜できる
- ser capaz de＋不定詞：(能力があり)〜できる
- ter habilidade para＋名詞/不定詞：(器用さがあり)〜できる
- poder＋不定詞：(状況的に)〜できる
- conseguir＋不定詞：(困難を乗り越えて)〜できる
- dá para＋名詞/不定詞：(素質を持って)〜できる
- ter o direito de＋不定詞/ter direito a＋不定詞：(権利があり)〜できる

依頼

# Poderia me telefonar?

**37**

1. ここにご住所を記入するのを忘れないでください。

2. お年寄りに席をお譲り願います。

3. この電車は混んでいます。次の電車にご乗車ください。

4. もう一度、言ってくれますか？

5. 日本語が分かりません。病院に付き添っていただけますか？

6. 部屋の片付けを手伝っていただけないでしょうか？

7. 優先座席付近では携帯電話の電源をお切り願います。

8. 事務所に着いたら、私に電話をいただけますか？

9. 一つ質問させていただきたいのですが。

10. 市役所へどのように行けばいいか教えていただけないでしょうか？

**ヒント**
① preencher
② ceder, idoso
③ lotado, seguinte
⑥ ajudar, arrumar
⑦ desligar, proximidade, assento prioritário
⑧ escritório

**1** Não se esqueça de preencher aqui com seu endereço, por favor.

**2** Cedam os lugares para pessoas idosas, por favor.

**3** Este trem está lotado. Queira tomar o seguinte.

**4** Pode me dizer mais uma vez?

**5** Não entendo japonês. Poderia ir junto comigo ao hospital?

**6** Não gostaria de me ajudar a arrumar o quarto?

**7** Façam o favor de desligar o celular nas proximidades de assentos prioritários.

**8** Poderia me telefonar quando chegar ao escritório?

**9** Gostaria de fazer uma pergunta.

**10** Não poderia me ensinar como ir à Prefeitura?

**ポイント**

▶依頼表現は命令文の一種であり、接続法現在形を用いる。丁寧な表現は以下の通り。
・命令文にpor favorやse faz favorなどを付ける。
　Fale um pouco mais alto, se faz favor. (もう少し大きな声でお話し願います)
・poder, querer, gostar deを用いる。いずれも現在形よりも不完全過去形や過去未来形の方が丁寧さの度合が上がる。
　Pode me dizer mais uma vez? (もう一度、言ってくれますか？)
　Podia me dizer mais uma vez? (もう一度、言っていただけますか？)
　Poderia me dizer mais uma vez? (もう一度、言っていただけますでしょうか？)
・動詞に間接目的格代名詞meを付けて依頼を表すことができる。

好き・嫌い／得意・不得意

# 38 Pedro está gostando de desenho animado.

1 このチョコ大好きなの。

2 気に入りました!

3 子どものころ、きゅうりがあまり好きではありませんでした。

4 虫が大嫌いです。

5 ペドロは日本のアニメをとても気に入っているようです。

6 人前で話すのはあまり得意ではありません。

7 静かな場所よりも賑やかな場所を好みます。

8 彼女は私の好みのタイプの女性です。

9 「緑と黄色、どちらの帽子が好きですか?」「緑の方が好きです」

10 計算は大の苦手です。

ヒント
③ pepino
⑤ desenho animado
⑦ sossegado
⑨ chapéu
⑩ cálculo

**1** Adoro este chocolate.

**2** Gostei!

**3** Quando era criança, não gostava tanto de pepino.

**4** Detesto bichos.

**5** Parece que Pedro está gostando muito de desenho animado japonês.

**6** Não sou muito apto para falar em frente às pessoas.

**7** Prefiro os lugares animados aos sossegados.

**8** Ela é uma mulher do meu tipo.

**9** -Qual chapéu você prefere, verde ou amarelo?
-Prefiro o verde.

**10** Sou bem fraco em cálculo.

**ポイント**

▶好き・嫌い
- gostar de＋名詞/不定詞：〜が好きである、〜することが好きである
- adorar＋名詞/不定詞：〜が大好きである、〜を崇拝する
- odiar＋名詞/不定詞：〜が大嫌いである、〜を憎む
- detestar＋名詞/不定詞：〜が大嫌いである
- preferir＋A（名詞/不定詞）a＋B（名詞/不定詞）：BよりもAを好む

▶得意・不得意
- ser apto para＋名詞/不定詞、ter aptidão para＋名詞/不定詞：〜するのが得意である
- ser fraco em＋名詞/不定詞：〜が苦手である

## 忠告
# É bom dormir cedo.

**39**

1. 夜寝る前に食事を取らないよう忠告します。

2. 君たち、宿題を持ってくるのを忘れてはいけませんよ。

3. 今日は早く寝た方がいいです。

4. 必ず水分をたくさん取りなさい。

5. 雨が降りそうです。傘を持っていく方がいいです。

6. 暖かい服装で出かけることをお勧めします。

7. 貴重品はホテルの金庫に預けるよう忠告します。

8. 習った後、すぐに復習をした方がいいです。

9. あまり飲みすぎないことをお勧めします。

10. 忘れないうちにメモをした方がいいです。

**ヒント**
- ④ líquido
- ⑤ guarda-chuva
- ⑦ depositar, objeto
- ⑧ revisão
- ⑩ anotar

1. É melhor não fazer refeições à noite antes de dormir.

2. Vocês, não podem esquecer de trazer o dever de casa.

3. É bom dormir cedo hoje.

4. Não deixe de tomar muito líquido.

5. Parece que vai chover. É bom levar guarda-chuva.

6. Aconselho a sair com uma roupa que aqueça.

7. É melhor depositar os objetos de valor no cofre do hotel.

8. É bom fazer uma revisão logo após ter aprendido.

9. Aconselho a não beber tanto.

10. É bom anotar antes que esqueça.

**ポイント**
- ▶É melhor+不定詞：〜するよう忠告する
- ▶É bom+不定詞：〜した方がよい
- ▶aconselhar a+不定詞：〜することを勧める
- ▶aconselhar+名詞：〜を勧める
- ▶Não pode / podem+不定詞：〜してはいけません
- ▶Não deixe de+不定詞：必ず〜しなさい

原因・理由

## 40. Estou sem fome, pois bebi demais.

1. 窓ガラスを割って、ごめんなさい。

2. たくさん汗をかいていたので、シャワーを浴びました。

3. 彼は病気で学校を休んでいます。

4. 風で洗濯物が飛ばされました。

5. お年玉をもらったので、おもちゃを買いました。

6. 彼はギャンブルが好きです。だから、彼からのプロポーズを断りました。

7. 昨日、お酒を飲みすぎて、今日は食欲がありません。

8. 連絡を取りたいので、メールアドレスを教えていただきたいのですが。

9. 彼の家はここからあまりにも遠いので、歩いて行くことはできません。

10. どうして、彼にお金を貸してあげなかったの？

**ヒント**
① quebrar
② suar, chuveiro
③ doença
⑤ envelope, brinquedo
⑥ jogo, proposta
⑦ demais, fome
⑧ contato
⑨ longe, a pé
⑩ emprestar

1. Desculpe-me por ter quebrado o vidro da janela.

2. Tomei um banho de chuveiro, porque estava muito suado.

3. Ele está faltando à aula por doença.

4. As roupas lavadas foram levadas pelo vento.

5. Como ganhei um envelope com dinheiro de ano novo, comprei brinquedos.

6. Ele gosta de jogo. Por isso, recusei a proposta de casamento dele.

7. Hoje estou sem fome, pois ontem bebi demais.

8. Como quero manter contato com você, gostaria que me dissesse seu endereço de e-mail.

9. A casa dele fica tão longe daqui que não posso ir a pé.

10. Por que você não emprestou dinheiro a ele?

**ポイント**
- ▶Como+文, ... : 〜ので…
- ▶por+不定詞/名詞 : 〜ので(不定詞)、〜で(名詞)
- ▶por isso+文 : だから〜
- ▶文, pois... : 〜ので…
- ▶Porque+文 : なぜなら、だから、〜から
- ▶分詞構文 : 〜ので

## 41 つなぎの表現
## Falando nisso, ele está bem de saúde?

1. 普段は10時半に寝ますが、今日はちょっと夜更かしをしてしまいました。

2. 父と私の誕生日は1日違いです。

3. 何よりもまず、本日のパーティーにご来場いただいたすべての皆さまにお礼を申し上げます。

4. 彼はお酒もたばこもやりません。

5. お肉とお魚のどちらになさいますか？

6. 君も一人っ子かい？

7. 最後に、私たちから皆さんに重大なお知らせがあります。

8. つまり、先に殴りかかったのは君だったというわけだね？

9. ところで、ご主人はお元気でいらっしゃいますか？

10. 幼い時、彼はピアノだけでなくギターも習っていました。

**ヒント**
① normalmente
⑤ carne, peixe
⑥ único
⑦ grave
⑨ marido
⑩ pequeno, violão

**1** Normalmente, durmo às dez e meia, mas hoje fiquei acordado até um pouco mais tarde.

**2** Entre o aniversário de meu pai e o meu há um dia de diferença.

**3** Antes de mais nada, eu agradeço a todos que vieram à festa de hoje.

**4** Ele não bebe nem fuma.

**5** Qual seria sua escolha, carne ou peixe?

**6** Você também é filha única?

**7** Por fim, temos um aviso grave a todos.

**8** Em conclusão, foi você quem bateu primeiro, não foi?

**9** Falando nisso, seu marido está bem de saúde?

**10** Quando era pequeno, ele aprendia não só a tocar piano, mas também violão.

**ポイント**
- ▶連結：e, também, nem, não só A mas também Bなど
- ▶選択：ou, ora A ora Bなど
- ▶反対：mas, todavia, porémなど
- ▶原因・理由：por isso, portanto, pois など

# 第 3 章

# ステップアップ

| 42 | 感嘆文・祈願文・間投詞 Que bom! | CD2-16 | 97 |
|---|---|---|---|
| 43 | 命令文 Fujam para lugares altos. | CD2-17 | 99 |
| 44 | 接続法名詞節 Duvido que ele tenha dito isso. | CD2-18 | 101 |
| 45 | 接続法形容詞節 Conhece alguém que saiba falar português? | CD2-19 | 103 |
| 46 | 接続法副詞節（時） Quando crescer, o que você quer ser? | CD2-20 | 105 |
| 47 | 接続法副詞節（目的・様態・方法） Faça como quiser. | CD2-21 | 107 |
| 48 | 接続法副詞節（譲歩） Mesmo que eles se oponham, vou ser cantora. | CD2-22 | 109 |
| 49 | 条件 Se tiver alguma dúvida, me pergunte. | CD2-23 | 111 |
| 50 | 仮定 (1) 現在の事実に反するもの Se +接続法不完全過去形〜, 過去未来形… | CD2-24 | 113 |
| 51 | 仮定 (2) 過去の事実に反するもの Se +接続法過去完了形〜, 過去未来完了形… | CD2-25 | 115 |
| 52 | 比喩 Eles são como se fossem crianças. | CD2-26 | 117 |

## 感嘆文・祈願文・間投詞
# Que bom!

**42**

1. なんていいの!

2. なんて素敵!

3. うわぁ! なんてかわいらしい!

4. 時間が過ぎるのはなんてはやいんでしょう!

5. 彼はなんて愛嬌がある人なんでしょう!

6. かわいそうに!

7. うわぁ、なんてこった!

8. なんてついてない!

9. どうか入学試験に合格しますように!

10. どうかみんなが幸せでありますように!

**ヒント**
- ② legal
- ④ rápido
- ⑤ simpático
- ⑧ azar
- ⑨ vestibular
- ⑩ feliz

1. Que bom!

2. Que legal!

3. Nossa! Que bonitinha!

4. Como o tempo passa rápido!

5. Como ele é simpático!

6. Coitado!

7. Ah, Meu Deus!

8. Que azar!

9. Oxalá passe o exame vestibular!

10. Tomara que todo o mundo seja feliz!

**ポイント**

▶感嘆文
- Que＋名詞/形容詞/副詞！：なんて〜なんだろう！
- Como＋文！：なんて〜なんだろう！

▶祈願文
- Tomara que＋文(接続法)！：どうか〜しますように！
- Oxalá (que)＋文(接続法)！：どうか〜しますように！

Tomara que a operação tenha sucesso! (どうか手術が成功しますように！)

▶間投詞
Opa! (うわぁ！)、Que coisa. (なんてこった！)、O que é isso! (何それ！) など。

## 命令文
## 43 Fujam para lugares altos.

1. 授業中、隣の人と話をしないで。

2. そこに入るな!

3. 高台に逃げなさい。

4. 名古屋駅で地下鉄に乗り換えなさい。

5. 残さず食べなさい。

6. 不要な物は学校に持って来ないで。

7. 図書館では騒がないで。

8. テレビを消して、早く寝ろ!

9. 君たち、友達を大切にしなさいよ。

10. さっさと部屋を掃除しなさい。

**ヒント**
④ baldeação
⑤ resto
⑥ desnecessário
⑦ barulho

1. Não conversem com as pessoas ao lado durante a aula.

2. Não entra aí!

3. Fujam para lugares altos.

4. Faça baldeação para o metrô na estação de Nagóia.

5. Comam sem deixar restos.

6. Não tragam coisas desnecessárias à escola.

7. Não façam barulho na biblioteca.

8. Desliga a televisão e dorme logo!

9. Vocês, tratem bem dos amigos.

10. Limpe seu quarto logo.

**ポイント**

▶2種類の命令文
親子など、近い間柄の相手に対する命令文：直説法現在形を用いる。
Come rápido! (早く食べろ)　Não mexe nas coisas! (触るな)
改まった相手に対する命令文：接続法現在形を用いる。
Sente-se aqui. (ここへ座りなさい)　Fale devagar. (ゆっくり話しなさい)
▶命令文＋接続詞 e：〜そうすれば／ou：〜そうしないと
Estude bem, e /ou não conseguirá tirar boa nota.
(よく勉強しなさい、そうすれば(そうしないと)、良い点数が取れる(取れない)でしょう)

## 44. 接続法名詞節
## Duvido que ele tenha dito isso.

1. あなたが私を手伝ってくれるとは思いません。

2. 子どもたちが道に迷わないか心配です。

3. あなたが病院にお見舞いに来てくれたことをとてもうれしく思います。

4. 彼がそんなことを言ったとは思いません。

5. あなたがまだ一度もブラジルに行ったことがないというのは残念です。

6. 給料が上がることを期待していたのですが。

7. ポルトガル語をもっと勉強するよう彼に言いました。

8. 孫に肩をマッサージしてもらいたいです。

9. 先生がこの漢字を読めないのは恥ずかしいことです。

10. あなたがそばにいてくれるだけで十分です。

**ヒント**
- ② recear, caminho
- ④ duvidar
- ⑤ pena
- ⑥ aumentar
- ⑧ neto, massagem
- ⑨ vergonha
- ⑩ bastar

**1** Não acho que você me ajude.

**2** Receio que meus filhos se percam no caminho.

**3** Estou muito contente de que você tenha me visitado no hospital.

**4** Duvido que ele tenha dito isso.

**5** É uma pena que você ainda nunca tenha ido ao Brasil.

**6** Esperava que o salário aumentasse.

**7** Disse-lhe que estudasse mais o português.

**8** Quero que meu neto me faça massagem nos ombros.

**9** É uma vergonha que o professor não saiba ler este *kanji*.

**10** Basta que você esteja ao meu lado.

**ポイント**
- ▶直説法と接続法：直説法は事実を、接続法は心の中の思いを述べるための用法。
- ▶接続法名詞節の用法：意思、感情、不確実性を表す動詞が導く従属節、ならびに、非人称表現が導く従属節の中で接続法の動詞が用いられる。
- ▶従属節中の動詞の時制
  ①Espero que ele estude.（彼が勉強してくれるのを期待します）
  ②Espero que ele tenha estudado.（彼が勉強してくれたことを期待します）
  ③Sinto que ele não estudasse.（彼が勉強しなかったのは残念です）
  ④Esperei que ele estudasse.（彼が勉強してくれるのを期待しました）
  ⑤Esperei que ele tivesse estudado.（彼が勉強してくれたことを期待しました）

## 45 接続法形容詞節
### Conhece alguém que saiba falar português?

1. 君はポルトガル語を話せるような人を知ってるかい?

2. 君が探しているような物はここには何もないよ。

3. 当日は運動のできるような服装で来てください。

4. あまり吠えないような犬が飼いたいです。

5. あのあまり吠えない犬がシロです。

6. ポルトガル語で日記を書くような人を探しています。

7. ポルトガル語で日記を書く人を知っています。紀美子さんです。

8. パウロのことを覚えているような人は誰もいません。

9. 希望される方には調査結果をお知らせします。

10. 我々のアンケートにご協力くださった方々に深く感謝いたします。

**ヒント**
④ latir
⑨ informar
⑩ cooperar, enquete

**1** Você conhece alguém que saiba falar português?

**2** Aqui não há nada que você esteja procurando.

**3** Nesse dia, venha com roupas que você possa fazer exercícios.

**4** Quero criar um cachorro que não lata muito.

**5** Aquele cachorro que não late muito é Shirô.

**6** Estou procurando alguém que escreva diário em português.

**7** Conheço alguém que escreve diário em português. É a senhora Kimiko.

**8** Não há ninguém que se lembre de Paulo.

**9** Informarei o resultado da pesquisa a quem desejar.

**10** Agradecemos profundamente aos que cooperaram com nossa enquete.

**ポイント**

▶接続法形容詞節の用法：関係詞で導かれる形容詞節が<u>不確実な内容</u>を持つ先行詞を修飾する場合に接続法の動詞が用いられる。また、特に、関係詞で導かれる形容詞節が未来の事柄を表す場合には接続法未来形が用いられる。

Quero criar um cachorro que não lata muito.（あまり吠えない<u>ような</u>犬）
Aquele cachorro que não late muito é Shirô.（実際にそれほど吠えない犬）
Informarei o resultado da pesquisa a quem desejar.（希望する<u>ような</u>人）
Informarei o resultado da pesquisa a pessoa que deseja.（実際に希望している人）

接続法副詞節（時）

# 46 Quando crescer, o que você quer ser?

1. 春になると、桜が咲きます。

2. 息子は学校から帰るとすぐにテレビを見ます。

3. 今日は、息子は学校から帰るとすぐにテレビを見ます。

4. あなたは大きくなったら何になりたいですか？

5. 雨が降る前に洗たく物を取り入れてくれますか？

6. お風呂からあがるといつもビールを飲みます。

7. 先生は授業を終えるとすぐに教室を出られます。

8. 食事をした後は歯を磨きなさい。

9. 宿題を終えるまで遊びに行ってはいけません！

10. 娘が学校に通っている間、私は外で働けません。

**ヒント**
⑤ recolher
⑨ brincar

**1** Ao chegar a primavera, as cerejeiras florescem.

**2** Logo que meu filho volta da escola, assiste à televisão.

**3** Hoje logo que meu filho volte da escola, assistirá à televisão.

**4** Quando crescer, o que você quer ser?

**5** Pode recolher as roupas lavadas antes que chova?

**6** Depois de tomar banho, sempre tomo cerveja.

**7** Assim que o professor terminar a aula, sairá da sala.

**8** Após fazer as refeições, escove os dentes.

**9** Antes de terminar o dever de casa, não pode ir brincar!

**10** Enquanto minha filha estiver frequentando a escola, não poderei trabalhar fora.

**ポイント**
- ▶logo que / assim que+接続法：～するとすぐ
- ▶até que+接続法：～するまで
- ▶quando+接続法：～するとき
- ▶enquanto+接続法：～する間
- ▶depois que+接続法：～した後
- ▶antes que+接続法：～する前
  （後に不定詞が続くもの）
- ▶ao+不定詞：～すると、antes de+不定詞：～する前
- ▶depois de+不定詞：～した後、após+不定詞：～した後

## 47 接続法副詞節（目的・様態・方法）
## Faça como quiser.

1. 夢をかなえるために、彼は努力をしています。

2. 彼はブラジル文学を勉強するために、この大学に入りました。

3. パウロは日本で職を得るために、日本語を勉強します。

4. パウラは子どもたちがよく寝られるように、毎晩、彼らに本を読みます。

5. 彼女は娘がなんでも一人でできるように教育しています。

6. 言葉の面で日本に暮らすブラジル人を支援できるようにポルトガル語を学んでいます。

7. あなたの好きなようにしなさい。

8. 人は年齢を重ねるにつれて、記憶力が衰えます。

9. 考えれば考えるほど、分からなくなります。

10. 時間が経つにつれて、彼は正気を取り戻しました。

**ヒント**
① realizar-se, sonho
② literatura
③ emprego
⑤ educar
⑥ auxiliar
⑧ memorizar, enfraquecer
⑩ acalmar-se

**1** Ele está se esforçando a fim de que o sonho possa realizar-se.

**2** Ele entrou nesta universidade a fim de estudar a literatura brasileira.

**3** Paulo estudará japonês para que ganhe um emprego no Japão.

**4** Paula lê livros para os filhos todas as noites de maneira que eles durmam bem.

**5** Ela está educando de modo que a filha possa fazer qualquer coisa sozinha.

**6** Estou aprendendo português de modo a poder auxiliar brasileiros residentes no Japão no aspecto da língua.

**7** Faça como quiser.

**8** A capacidade de memorizar enfraquece à medida que as pessoas se tornem mais velhas.

**9** Quanto mais eu pensar, tanto mais ficarei sem compreender.

**10** Com o passar do tempo, ele acalmou-se.

ポイント
- ▶a fim de que+接続法：〜するために
- ▶para que+接続法：〜するために
- ▶de modo que+接続法：〜するように
- ▶de maneira que+接続法：〜するように
- ▶à medida que+接続法：〜するにつれて
- ▶como+接続法：〜ように
- ▶Quanto mais+接続法：〜するほど
  (後に不定詞が続くもの)
- ▶a fim de+不定詞：〜するために、para+不定詞：〜するために

接続法副詞節（譲歩）

# 48 Mesmo que eles se oponham, vou ser cantora.

**1** 休日であるにもかかわらず、彼は仕事をしています。

**2** どんなにつらくても、私はその練習に耐えなければなりません。

**3** たとえ何があっても、君の味方だよ。

**4** たとえどんなに急いでいても、あなたは制限速度は守らなければなりません。

**5** たとえ日本人であっても、納豆が嫌いな人はいます。

**6** あれほど確認したにもかかわらず、パスポートを忘れてしまいました。

**7** 彼は給食係であるにもかかわらず、お皿を配りませんでした。

**8** たとえ雨が降らないとしても、傘を持っていった方がいいです。

**9** たとえ両親が反対したとしても、歌手になります。

**10** 何があっても、あのコンサートに行きたいです。

**ヒント**
① folga
② cansativo, aguentar, treino
④ velocidade limitada
⑥ certificar-se
⑦ merenda

**1** Apesar de ser dia de folga, ele está trabalhando.

**2** Por mais cansativo que seja, tenho de aguentar esse treino.

**3** Haja o que houver, estarei ao seu lado.

**4** Por mais pressa que tenha, você deve obedecer à velocidade limitada.

**5** Ainda que sejam japoneses, há pessoas que não gostam de nattô.

**6** Apesar de ter me certificado tanto, acabei esquecendo o passaporte.

**7** Apesar de ser do grupo encarregado de servir a merenda, ele não distribuiu os pratos.

**8** Mesmo que não chova, é bom levar o guarda-chuva.

**9** Mesmo que meus pais se oponham, vou ser cantora.

**10** Haja o que houver, quero ir àquele concerto.

ポイント
- ▶ainda que+接続法：たとえ〜であっても
- ▶mesmo que+接続法：たとえ〜であっても
- ▶apesar de que+接続法：〜にもかかわらず
- ▶haja o que houver / for：たとえ何があっても
- ▶seja o que for：何であっても
- ▶faça o que fizer / for：たとえどうやったとしても、たとえ何をしても
- ▶aconteça o que acontecer / for：たとえ何が起こったとしても

## 条件
# 49
## Se tiver alguma dúvida, me pergunte.

1. 明日、天気が良ければ、ピクニックに行きましょう！

2. もし、機会があれば、ブラジルに行きたいです。

3. もし、サイズが合わなければ、返品してもよろしいですか？

4. 緊急の場合は、非常口から外へ出なさい。

5. もし可能なら、帰りに私の家にお立ち寄りください。

6. 授業を欠席する場合は、私に前もって連絡しなさい。

7. もしよければ、来週、ランチに行きませんか？

8. 何か疑問があれば、遠慮なくお尋ねください。

9. もし、あなたの都合が良くないのであれば、日時は変更できます。

10. 何か困っているのであれば、おっしゃってください。

**ヒント**
- ② oportunidade
- ③ tamanho
- ④ urgência, emergência
- ⑦ convir
- ⑧ dúvida
- ⑨ conveniência
- ⑩ dificuldade

**1** Se fizer bom tempo amanhã, vamos ao piquenique!

**2** Se tiver oportunidade, quero ir ao Brasil.

**3** Se o tamanho não estiver de acordo, poderia devolver?

**4** Em caso de urgência, saia pela porta de emergência.

**5** Se for possível, na volta passe pela minha casa.

**6** Se for faltar à aula, me avise anteriormente.

**7** Se lhe convier, não quer ir almoçar comigo na semana que vem?

**8** Se tiver alguma dúvida, me pergunte sem cerimônia.

**9** Se não for de sua conveniência, a data e horário poderão ser mudados.

**10** Se estiver com alguma dificuldade, diga-me.

**ポイント**

▶条件：〜の場合は、もし〜ならば
・Se＋接続法未来, 直説法未来.
　　　　vamos＋不定詞! / não quer＋不定詞?（勧誘）
　　　　querer＋不定詞.（願望）
　　　　pode / podia / poderia＋不定詞?（依頼）
　　　　posso / podia / poderia＋不定詞?（許可）
　　　　接続法現在、直説法現在を用いた命令文.　など

## 50
仮定 (1) 現在の事実に反するもの
### Se + 接続法不完全過去形〜, 過去未来形...

1. 私が運転免許を持っているなら、あなたを駅まで送るのですが。
2. もし、私が君だったなら、そんなことはしないのですが。
3. もし、この近くにブラジル人学校があるなら、子どもたちをそこに通わせるのですが。
4. 時間があるなら、もっと日本語を勉強するんだけどな。
5. 私がもう少し若ければ、こちらのスカートを選ぶのですが。
6. 教員でなければ、私は今ごろ何をしていたでしょう?
7. もし、今地震が起こったなら、君はどうするでしょうか?
8. もし、宝くじが当たったなら、世界中を旅行したいものです。
9. 兄弟がいたなら、どれほどよかったでしょう。
10. 熱がなければ、クラスメイトと一緒に遠足に行くんだけど。

**ヒント**
③ frequentar
⑧ loteria
⑩ excursão

1. Se tivesse carteira de motorista, eu o levaria até a estação.

2. Se fosse você, eu não faria isso.

3. Se tivesse escola para brasileiros aqui por perto, faria meus filhos frequentarem.

4. Se tivesse tempo, estudaria mais o japonês.

5. Se fosse um pouco mais jovem, eu escolheria esta saia.

6. Se não fosse professor, o que eu estaria fazendo a esta hora?

7. Se houvesse um terremoto agora, como você iria fazer?

8. Se ganhasse na loteria, gostaria de viajar pelo mundo inteiro.

9. Se tivesse irmãos, seria tão bom.

10. Se não estivesse com febre, iria à excursão com meus colegas da turma.

**ポイント**

▶現在の事実に反する仮定
Se＋接続法不完全過去形〜, 過去未来形…：もし〜ならば、…なのだが
Se eu soubesse cantar bem, seria cantora.
(もし、歌がうまければ、歌手になるのですが)
Se tivesse piano em casa, poderia treinar todos os dias.
(もし、家にピアノがあれば、毎日、練習できるのですが)
※過去未来形の代用として直説法不完全過去形が用いられる。遠慮した優しい印象を与えるため、特に、女性に多く用いられる。

仮定（2）過去の事実に反するもの

## 51 Se＋接続法過去完了形～, 過去未来完了形…

1. もし、あなたの忠告に耳を傾けていたなら、失敗していなかったでしょう。

2. もし、住所を知っていたなら、あなたに年賀状を出していたでしょう。

3. もし、子どもがいたなら、彼らは離婚していなかったでしょう。

4. もし、お祖母様が生きておられたなら、あなたの成功をどれだけ喜んでおられたでしょうか！

5. もし、私に勇気があったなら、彼に真実を打ち明けていたでしょう。

6. もし、健康診断を受けていなかったなら、ガンに気付いていなかったでしょう。

7. もし、彼と結婚していたなら、私は幸せになっていたでしょうか？

8. もし、もっと勉強していたなら、良い点数を取ることができていたでしょう。

9. もし、毎食後、歯を磨いていたなら、虫歯になっていなかったでしょう。

10. もし、彼女が恋人の妹だと知っていたなら、きちんとあいさつをしていたでしょう。

**ヒント**
① falhar
② cartão
⑤ coragem
⑥ câncer
⑨ escovar, cárie
⑩ cumprimentar

**1** Se tivesse ouvido seu conselho, não teria falhado.

**2** Se soubesse seu endereço, teria mandado um cartão de ano novo.

**3** Se tivessem filhos, eles não teriam se divorciado.

**4** Se sua avó estivesse viva, como ela teria ficado contente com seu sucesso!

**5** Se tivesse coragem, teria dito a verdade a ele.

**6** Se não tivesse recebido o exame de saúde, não teria percebido o câncer.

**7** Se tivesse casado com ele, eu teria sido feliz?

**8** Se tivesse estudado mais, teria conseguido ter boa nota.

**9** Se tivesse escovado os dentes após cada refeição, não estaria com cáries.

**10** Se soubesse que ela é irmã do meu namorado, a teria cumprimentado direitinho.

▶過去の事実に反する仮定
Se＋接続法過去完了形〜 , 過去未来完了形... : もし〜していたならば、…していたのだが
Se eu tivesse comido aquele pastel, teria ficado satisfeita.
(もしあのパステルを食べていたなら、お腹が満たされていたでしょう)

## 52 比喩
### Eles são como se fossem crianças.

1. 彼はまるでその出来事を見てきたかのように話します。

2. まるで春が来たかのように、彼女は幸せそうです。

3. まるで泥棒が入ったかのように、部屋中が散らかっています。

4. まるでバケツをひっくり返したかのように、昨晩、大雨が降りました。

5. 彼女との出会いはまるで雷に打たれたようでした。

6. まるでネイティブのように、彼は上手にポルトガル語を話します。

7. 彼女の手はまるで雪のように白いです。

8. 彼らはまるで子どものようです。

9. その人形はまるで生きているようです。

10. 好子はまるで自分のことのように子どもの成功を喜びました。

**ヒント**
① contar, incidente
③ dessarumado, ladrão
④ despejado, balde
⑤ raio
⑦ neve
⑨ boneca
⑩ alegrar, vitória, próprio

**1** Ele conta tal como se tivesse visto esse incidente.

**2** Ela parece estar feliz tal como se tivesse chegado a primavera.

**3** Todo o quarto está desarrumado tal como se tivesse entrado um ladrão.

**4** Choveu muito ontem à noite tal como se tivesse sido despejado um balde d'água.

**5** No encontro com ela foi como se tivesse sido atingido por um raio.

**6** Ele fala português tão bem como se falasse sua língua materna.

**7** A mão dela é branca como se fosse neve.

**8** Eles são como se fossem crianças.

**9** Essa boneca parece assim como se fosse viva.

**10** Yoshiko se alegrou com a vitória da filha tal como se fosse sua própria vitória.

---

**ポイント**

▶現在の事実に反する比喩
como se＋接続法不完全過去形〜 ：まるで〜であるかのように…
Ela é bonita como se fosse atriz.
（彼女はまるで女優であるかのように美しいです）

▶過去の事実に反する比喩
como se＋接続法過去完了形〜 ：まるで〜であったかのように…
Ele conhece os caminhos como se tivesse morado lá antes.
（彼はまるで昔そこに住んでいたかのように、道をよく知っています）

■著者プロフィール
## 髙阪香津美（こうさか かつみ）

愛知県立大学専任講師。
ブラジル留学中、ある日系ブラジル人の友人との出会いをきっかけに研究の道を志し、現在、多文化化する日本社会におけるポルトガル語教育の意義とそれが果たす役割、ならびに、今後の教育のあり方を模索することを目的とした研究を行っている。

■校正
## 竹原如是（タケハラ・ジョゼ）

■ポルトガル語ナレーター
## Andrea Valesca Lopes Monteiro
リオデジャネイロ出身。

# 口<ruby>く</ruby><ruby>ち</ruby>が覚<ruby>お</ruby><ruby>ぼ</ruby>えるブラジルポルトガル語<ruby>ご</ruby>
スピーキング体得トレーニング

2012 年 9 月 10 日　第 1 刷発行

著　者　　髙阪香津美
発行者　　前田俊秀
発行所　　株式会社 三修社
　　　　　〒 150-0001　東京都渋谷区神宮前 2-2-22
　　　　　TEL 03-3405-4511 FAX 03-3405-4522
　　　　　http://www.sanshusha.co.jp
　　　　　振替 00190-9-72758
　　　　　編集担当　安田 美佳子
印刷・製本　倉敷印刷株式会社
CD 製作　　中録サービス株式会社

Ⓒ Katsumi Kosaka 2012 Printed in Japan
ISBN978-4-384-05706-5 C1087

［R］＜日本複製権センター委託出版物＞
本書を無断で複写複製（コピー）することは、著作権法上の例外を除き、禁じられています。
本書をコピーされる場合は、事前に日本複製権センター（JRRC）の許諾を受けてください。
JRRC http://www.jrrc.or.jp　e-mail：info@jrrc.or.jp　TEL：03-3401-2382

本文・カバーデザイン：（有）ウィッチクラフト